L'Union européenne
et la politique étrangère

Collection « Inter-National »
dirigée par Denis Rolland avec
Joëlle Chassin, Françoise Dekowski et Marc Le Dorh

Cette collection a pour vocation de présenter les études les plus récentes sur les institutions, les politiques publiques et les forces politiques et culturelles à l'œuvre aujourd'hui. Au croisement des disciplines juridiques, des sciences politiques, des relations internationales, de l'histoire et de l'anthropologie, elle se propose, dans une perspective pluridisciplinaire, d'éclairer les enjeux de la scène mondiale et européenne.

Série générale (dernières parutions)

Günter AMMON, Michael HARTMEIER (dir.), *Démocratisation et transformation économique en Europe centrale et orientale.*
Namic DI RAZZA, *L'ONU en Haïti depuis 2004.*
Maurice EZRAN, *Histoire du pétrole.*
François Chaubet, *La culture française dans le monde. 1980-2000. Les défis de la mondialisation.*
Jean-René GARCIA, *La Bolivie, Histoire constitutionnelle et ambivalence du pouvoir exécutif.*
Christian SCHÜLKE, *Les usages politiques du passé dans les relations germano-polonaises.*
M. Hobin, S. Lunet, *Le Dragon taiwanais : une chance pour les PME françaises.*
A. Martín Pérez, *Les étrangers en Espagne.*
A. Ceyrat, *Jamaïque. La construction de l'identité noire depuis l'indépendance.*
D. Cizeron, *Les représentations du Brésil lors des Expositions universelles.*
D. Rossignol, *Air France. Mutation économique et évolution statutaire.*
D. Rolland & D. Aarão Reis Filho (dir.), *Modernités alternatives. L'historien face aux discours et représentations de la modernité.*
A. Bachoud, J. Cuesta, M. Trebitsch (dir.), *Les intellectuels et l'Europe de 1945 à nos jours.*
G. Quagliariello, *Gaullisme. Une classification impossible.*
J. Faure et D. Rolland (dir.), *1968 hors de France.*
A. Purière, *Assistance et contrepartie. Actualité d'un débat ancien.*
R. Guillot, *La chute de Jacques Cœur. Une affaire d'État au XVe siècle.*
G. Brégain, *Syriens et Libanais d'Amérique du Sud (1918-1945).*

Estelle Poidevin

L'UNION EUROPÉENNE ET LA POLITIQUE ÉTRANGÈRE

Le haut représentant pour la politique étrangère et de sécurité commune

Moteur réel ou leadership par procuration (1999-2009) ?

© L'Harmattan, 2010
5-7, rue de l'Ecole-Polytechnique, 75005 Paris

http://www.librairieharmattan.com
diffusion.harmattan@wanadoo.fr
harmattan1@wanadoo.fr

ISBN : 978-2-296-12475-2
EAN : 9782296124752

A Gabriel Solal
JM et C.

SOMMAIRE

Préface de B. Irondelle 11
Introduction 13

Partie I
L'institutionnalisation de la fonction de Haut
représentant pour la PESC 27

Chapitre 1
Une proposition française 31
1. Dix-huit mois de négociation 33
2. Le mandat : un droit d'initiative 41
3. Le choix d'une personnalité politique :
la nomination de Javier Solana 59

Chapitre 2
Un diplomate sans réseau diplomatique propre 67
1. Le Haut représentant, secrétaire général du Conseil 71
2. Les outils à disposition du Haut représentant 75
3. Le développement de la structure politico-militaire 85

Partie II
Le Haut représentant pour la PESC à l'épreuve
du terrain : l'affirmation du rôle de l'UE en
matière de gestion des crises 103

Chapitre 3
La formulation progressive d'un socle doctrinal
(1999-2003) 107
1. Du Kosovo (1999) à l'opération CONCORDIA (2003) 111
2. La Stratégie européenne de sécurité (SES) 125

Chapitre 4
Le Haut représentant face aux crises 139
1. Sur le terrain de la diplomatie traditionnelle 143
2. L'implication du Haut représentant dans les opérations
de gestion des crises 163

Conclusion 185
Bibliographie 191

Encadré – Scénarios en cas de crise.. 209

PREFACE

Comme se plaisent à la souligner les responsables de la Politique européenne de sécurité et de défense à Bruxelles, « il y a plus de gens qui étudient la Politique européenne de sécurité et de défense (PESD) que de gens qui la font ». La recherche internationale mais aussi francophone s'intéresse en effet de près et de façon assez systématique aux développements, aux réalisations, aux acteurs et aux institutions de la politique étrangère de sécurité et de défense européenne instituée par le traité de Maastricht en 1991. Chaque institution, chaque politique fait l'objet d'un examen minutieux. Pourtant, et c'est un curieux paradoxe, l'une des figures les plus centrales de la PESC-PESD depuis 10 ans apparaît négligée. Le Haut-représentant, son parcours, l'institutionnalisation de son rôle sont relativement peu étudiés. Son rôle et son influence exacts sont mal connus. C'est cette lacune que le travail de recherche d'Estelle Poidevin vient magistralement combler. *Le Haut représentant pour la PESC: moteur réel ou leadership par procuration ?* est issu d'un mémoire de master recherche, réalisé dans le cadre du Master Pratiques et Recherches Internationales de Sciences Po, que j'ai eu le grand plaisir de diriger. Il a bénéficié du soutien conjoint de l'Ecole doctorale de Sciences Po et du CERI, le Centre d'Etudes et de Recherches Internationales de Sciences Po.

Fondée sur une enquête rigoureuse et une parfaite connaissance de la littérature, l'ouvrage retrace la genèse chaotique de la PESC-PESD à travers le prisme de l'institutionnalisation progressive et conflictuel de la fonction de Haut représentant. Il analyse ensuite finement comment et dans quelle mesure le Haut représentant a pesé sur les évolutions doctrinales de la PESD et influé sur la gestion des crises internationales par l'Union européenne. Estelle Poidevin forge le concept de *leadership* par procuration pour rendre compte de la place à la fois essentielle et fragile du Haut représentant dans un système de gouvernance de la Politique étrangère européenne qui se consolide au cours de la décennie 1999-2009. Ni prisonnier du jeux des intérêts des principaux Etats, ni moteur autonome de la PESC, l'affirmation du leadership du Haut représentant repose sur deux piliers : la recherche d'un consensus impliquant à la fois les institutions bruxelloises et les 27 Etats membres, dans lequel le Haut représentant pour la PESC, ainsi que le Comité Politique et de Sécurité jouent un rôle fondamental, d'une part ; la délégation par les principaux partenaires de ce système complexe d'un rôle de leader sur certains dossiers, pouvant aller dans certains cas de la part des Etats les plus actifs en matière de politique étrangère jusqu'à une forme de « blanchiment ». C'est cette double tension que la thèse du « leadership par procuration » que défend Estelle Poidevin permet de saisir. Nul doute que l'ouvrage que le lecteur s'apprête à lire fera ainsi autorité sur le sujet et structurera le débat à l'avenir sur le rôle et l'institution du Haut représentant pour la PESC.

On ne peut que souhaiter que les qualités de chercheuse démontrées par Estelle Poidevin, qui a par ailleurs réussi le tour de force de mener à bien cette recherche en conciliant vie de famille et une carrière exigeante, s'épanouissent dans une thèse de doctorat. Cette recherche sur le Haut représentant ouvre en effet des perspectives de comparaison particulièrement fructueuses avec des fonctions similaires comme le Secrétaire général de l'OTAN, le Secrétaire général de l'ONU. Une biographie politique de Javier Solana, ancien Secrétaire général de l'OTAN et premier Haut représentant pour la PESC, serait également extrêmement précieuse.

Bastien Irondelle,
Chargé de recherches au CERI-Sciences Po, enseignant à Sciences Po

INTRODUCTION

« Je veux bien parler à l'Europe, mais qu'on me donne un numéro de téléphone ! ». Formulée dans les années 1970, cette réplique du Secrétaire d'Etat américain, Henry Kissinger, pointait déjà la complexité du système institutionnel de l'Union européenne.

Si les négociations autour du Traité de Maastricht conduisent à s'interroger sur les moyens de rendre l'action extérieure plus efficace, les questions de la personnalisation de l'UE et de la nécessité d'identifier un interlocuteur unique pour l'Europe alimentent également les débats surtout au moment des négociations autour de la révision du Traité. La proposition de créer la fonction de Haut représentant pour la Politique étrangère et de sécurité commune (PESC) ne s'est pas imposée d'elle-même. Les débats ont opposé les Etats membres qui défendaient le principe d'un M.PESC rattaché à la Commission européenne et les tenants de son affiliation au Conseil pour le garder sous contrôle. Seule la France plaide alors pour une personnalité indépendante de niveau ministériel.

Mis en place dans le Traité d'Amsterdam entré en vigueur en 1999, le Haut représentant pour la PESC, finalement rattaché au Conseil de l'UE, est une innovation institutionnelle relativement récente. Cela explique sans doute la faible littérature consacrée à une figure pourtant cruciale en ce qui concerne la PESC. Les ajustements apportés par le Traité de Lisbonne, qui viennent étoffer la portée du poste de Haut représentant en le fusionnant avec celui de Vice-président de la Commission européenne chargé des relations extérieures en attestent.

Nous souhaitons nous demander si le Haut représentant pour la PESC (poste occupé par Javier Solana de 1999 à 2009) a réussi à dépasser le rôle qui lui était dévolu par le Traité : contribuer à la formulation, à l'élaboration et à la mise en œuvre des décisions politiques du Conseil. Le mandat confié au premier titulaire semblait, en effet, ne pas devoir aller au-delà de prérogatives purement administratives et comportait un pouvoir d'initiative pour le moins incertain. Par quelles stratégies le Haut représentant a-t-il cherché à consolider son rôle dans un système institutionnel déjà complexe faisant intervenir d'autres acteurs plus solidement ancrés en matière de politique étrangère ?

Quel rôle le Haut représentant a-t-il joué dans le développement de la politique étrangère de sécurité et de défense (PESD) ? Dans quelle mesure, le lien direct avec les Etats membres a-t-il pu favoriser ou entraver la marge d'action du Haut représentant pour la PESC ? La PESD a t-elle répondu aux attentes placées dans l'émergence d'une « capacité autonome d'action » européenne[1] ?

La confrontation de nos questionnements aux cadres d'interprétation théorique fournit des ressources intéressantes pour notre recherche. Nous allons étudier le rôle du Haut représentant et tenter de mettre en lumière son rôle à travers deux approches : l'approche intergouvernemente et l'approche de type sociologique.

L'approche intergouvernementale est sceptique à l'égard de la PESC. Selon le paradigme réaliste, il ne saurait y avoir de politique étrangère que d'Etat. La notion de politique étrangère européenne paraît donc impropre aux réalistes. Seuls les Etats souverains sont prêts à affronter le domaine de la *high politics*. Le réalisme légitime la perspective des grandes puissances et estime impossible la coopération entre Etats, dont les intérêts

---

[1] Termes employés dans la déclaration franco-britannique de Saint-Malo en décembre 1998 qui donne un élan décisif à la PESD. Jacques Chirac et Tony Blair affirment le souhait de voir l'UE « jouer tout son rôle sur la scène internationale » et expriment leur volonté de doter l'UE « d'une capacité autonome d'action, appuyée sur des forces militaires crédibles avec les moyens de les utiliser et en étant prête à le faire afin de répondre aux crises internationales ».

sont fondamentalement divergents. L'objectif des Etats, acteurs rationnels par définition, est la recherche de l'intérêt national matérialisé par la quête de puissance ou de sécurité. Les postures diplomatiques nationales prévalent. La convergence des intérêts nationaux étant improbable, la PESC ne peut être envisagée que comme le relais européen de la diplomatie des Etats, comme un multiplicateur d'influence. Philip H. Gordon définit ainsi trois conditions à l'intégration : supériorité des gains de la coopération par rapport aux pertes de prestige et de souveraineté, convergence suffisante des intérêts des États, protection des intérêts des grands États. Il estime toutefois que ces conditions sont impossibles à réunir dans le domaine de la défense[1].

Dans cette optique, Javier Solana ne serait que l'instrument des Etats membres, doté d'une faible marge de manœuvre. Les Etats membres ne délèguent pas de souveraineté à Bruxelles ou peu ; ils souhaitent avant tout maximiser leur intérêt. Quand la France plaide pour la création d'un Haut représentant, elle ne défend pas en priorité une plus grande intégration en matière de PESC, elle veille à renforcer l'impact de sa propre diplomatie. Pour Franck Petiteville, la PESC est envisagée comme « un multiplicateur d'influence », « un relais de leur diplomatie susceptible d'accroître leur influence et leur légitimité sur la scène internationale[2] ». Il en est de même lorsque la France tente, en 2003, de convaincre ses partenaires européens de lancer l'opération Artémis en République démocratique du

---

[1] « States will only take the difficult and self-denying decision to share their foreign policy sovereignty if the gains of common action are seen to be so great that sacrificing their sovereignty worths it, or if their interests converge to the point that little loss of sovereignty is entailed (…). These conditions have not held in the past, do not currently hold and are not likely to hold in the future », Philip Gordon, « Europe's Uncommon Foreign Policy », International Security, 22 (3), pp 74-100.

[2] « Le rôle international de l'UE et la théorie des relations internationales », in René Schwok et Frédérik Merand, *L'Union européenne et la sécurité internationale : Théories et pratiques*, p. 62.

Congo. L'objectif est de donner une image plus neutre de l'intervention. Une nécessité compte tenu des difficultés rencontrées par la France au cours des dernières interventions menées en Afrique (opération Licorne en Côte d'Ivoire, opération Turquoise au Rwanda). Le Haut représentant ne fait qu'accompagner la demande émanant d'un Etat membre de lancer une opération. Le poids des intérêts nationaux et des cultures diplomatiques prédomine[1]. Cela explique l'ancrage de la PESC au sein du Conseil de l'UE et non pas de la Commission européenne, institution supranationale par essence. Le fait même que les décisions soient prises à l'unanimité illustre également bien que la PESC est « indissolublement liée à l'expression de l'intérêt national des Etats[2] ». La marge de manœuvre du Haut représentant dépend ou non de la convergence de vision parmi les Etats membres et de la volonté politique dont ils font preuve.

Solana est impuissant à faire parler l'UE d'une seule voix en cas de divergences. Or, les Etats membres semblent se désintéresser du projet de diplomatie commune[3]. Le Haut

---

[1] A ce sujet, Jean-Claude Masclet, « L'Union politique de l'Europe », *La politique européenne de sécurité et de défense*, p. 34. Les Etats membres ne souhaitent pas apparaître comme ayant renoncé à toute action individuelle indépendante sur le plan international, qu'il s'agisse de grands Etats qui ont gardé la tradition d'une diplomatie mondiale ou des Etats plus petites qui ne veulent pas perdre leur identité ou leur particularisme ».

[2] « Le rôle international de l'UE et la théorie des relations internationales », in René Schwok et Frédérik Merand, *L'Union européenne et la sécurité internationale : Théories et pratiques*, p.49.

[3] « Diverging Foreign policy objectives on key international issues are one part of the explanation. With regard to Foreign policy issues slightly lower on the international agenda say Somalia, Guinea Bissau or East Timor, only a few member States, due to historical, geographic, economic or other reasons, may be keenly interested in active EU foreign policy, whereas the majority favours not to get involved. This leads to a conspiracy of indifference and undermines the legitimacy and relevance of EU Foreign policy for the political elite ans population in those interested Member States ». Karel De Gucht, « Shifting EU Foreign Policy into Higher Gear », *EU Diplomacy papers*, Collège d'Europe, 1/2006.

représentant n'a pas de rôle clé ni de pouvoir d'initiative au-delà du mandat que les Etats membres lui ont accordé. Il n'a aucune ressource pour s'opposer aux Etats membres ou leur imposer sa vision.

Partageant le postulat d'un Etat acteur rationnel, *l'optique néoréaliste* met cependant davantage l'accent sur la structure du système international et les modifications des rapports de puissance, intervenues après la fin de la guerre froide. Les néoréalistes, moins stato-centrés, réfléchissent en termes de relocation du facteur de puissance. Davantage préoccupés par leurs gains relatifs et les questions de sécurité, les Etats membres ont été conduits à renforcer l'intégration européenne[1].

Ce nouveau contexte a pu conduire au développement de la PESD dans une tentative d'équilibrage doux, *soft balancing*, face à la puissance américaine[2]. Cette approche situe en effet la PESD dans le rapport qu'entretiennent les Européens avec Washington. Dérivée de la notion d'équilibre des puissances, *balance of power*, la notion de *balancing* (équilibrage) fait référence au fait pour un État de rejoindre une coalition d'États afin de contrer l'influence d'un autre État. Cet équilibrage est dit *soft* car il n'empreinte pas la voie du militaire pour saper la puissance du plus fort (par contraste avec le *hard balancing*), mais mise sur un rééquilibrage politique et stratégique.

Une seconde lecture envisage la PESD comme moyen pour la France de contenir l'Allemagne même après la Guerre froide. C'est la thèse de Seth Jones dans son ouvrage consacré à la coopération européenne en matière de sécurité. Seth Jones défend que la chute de l'URSS a mené au retrait américain de l'Europe et a fait naître des craintes sur l'engagement des Etats-unis à long terme sur le sol européen. Continuer à s'appuyer

---

[1] John Mearscheimer, « Back to the Future: Instability in Europe after the Cold War ». *International Security*, volume 15, 1990.
[2] Barry Posen, « European Union Security and Defense policy. Response to unipolarity ? », *Security Studies*, Volume 15, n°2, avril-juin 2006.

intégralement sur l'OTAN rendait les Européens dépendants des Etats-Unis dans un contexte où les intérêts stratégiques américains se déplaçaient vers d'autres parties du monde dont l'Asie, le Moyen-Orient[1].

La réunification de l'Allemagne a par ailleurs entraîné une certaine instabilité régionale. Cet ensemble de facteurs a fait émerger la conscience qu'il existait un « dilemme de sécurité en Europe ». Les Britanniques et les Français, craignant qu'une Allemagne hors d'Europe ne déstabilise la région, adoptent alors une stratégie liant l'Allemagne à l'Europe afin de renforcer les chances de paix sur le continent. Les Allemands renonçaient ainsi à l'unilatéralisme. L'UE offrait une solution à long terme[2]. Les Britanniques, les Français et les Anglais tirant les conséquences du passé ont calculé que la coopération à travers l'UE était la stratégie optimale pour garantir la paix et la sécurité[3].

Mais les néoréalistes continuent à postuler l'existence d'intérêts diplomatiques et stratégiques fondamentalement opposés entre les Etats qui empêchent le passage de la coopération fonctionnelle à l'intégration politique. C'est pourquoi, pour les représentants de l'approche néoréaliste, le Haut représentant n'a aucun pouvoir. Il reste sous le contrôle des Etats membres. La PESC/PESD est soumise à une logique intergouvernementale. Pour Adrian Hyde-Price, le développement de la PESD conduit à l'hégémonie des trois grands Etats : Royaume-Uni, France et Allemagne. Cette vision tend à se vérifier dans les faits. La plupart des opérations de

---

[1] Les Etats-Unis étaient d'ailleurs très réticents à intervenir dans la périphérie de l'Europe, comme l'a démontrée la crise au Kosovo.
[2] Seth Jones, *The Rise of European Security Cooperation*, op.cit., p.11.
Voir aussi, p 84 : « The fouth option was to create a security arm of the EU. This offered a long term solution to the security dilemma by keeping Germany enmeshed in a security institution. Consequently, European states pushed ahead on two tracks : a common Foreign and Security Policy (CFSP) and a European Security and Defense policy (ESDP)».
[3] Seth Jones, *The Rise of European Security Cooperation*, op.cit., p. 86.

gestion de crise ont été initiées par un grand Etat membre[1]. Solana lui-même écrit dans une tribune : « une relance de la PESD aura besoin de l'accord de la France, de la Grande-Bretagne et du soutien d'autres nationaux comme l'Allemagne, l'Espagne et tous ceux qui le souhaiteront[2] ».

Partant du postulat de l'anarchie du système international et de l'Etat comme acteur central et rationnel, *l'institutionnalisme néolibéral*, développé par Robert Keohane et Joseph Nye mais aussi Robert Axelrod[3], fournit des pistes intéressantes pour notre sujet. L'institutionnalisme néolibéral met en évidence le rôle des institutions. Dans un ouvrage intitulé « Donnant-Donnant. Théorie du comportement coopératif », Robert Axelrod démontre que les Etats peuvent parfois préférer la coopération à la compétition si l'avantage d'établir des relations de coopération sur la base de la réciprocité entraîne un bénéfice supérieur à l'isolement[4]. Keohane va plus loin et fournit une explication globale dans l'ouvrage *After Hegemony*, publié en 1984[5].

Les Etats sont amenés à institutionnaliser la coopération et établir des structures internationales contraignantes, guidés par plusieurs motivations : réduire les coûts de transaction, favoriser la transparence et la confiance, favoriser la circulation des informations, encourager la conclusion d'accords et garantir leur respect, fournir les instruments adéquats à la résolution des

---

[1] Muriel Asseburg et Ronja Kempin, *The EU as a Strategic Actor in the Realm of Security and Defence? A Systematic Assessment of ESDP Missions and Operations*, SWP Research Paper, Decembre 2009, Berlin.
[2] « L'approbation du Traité européen modifié relancera la politique de sécurité», *Le Monde*, 13 octobre 2007.
[3] Robert Axelrod, *Donnant-donnant, Théorie du comportement coopératif*, 1984. La stratégie du donnant-donnant est plus efficace que la tentation de faire cavalier seul dès que les joueurs se rencontrent régulièrement.
[4] Robert Axelrod, Robert Keohane, « Achieving Cooperation Under Anarchy : Strategies and Institutions », *World Politics*, n°38, pp 226-254, 1985.
[5] Robert Keohane, *After hegemony : Cooperation and Discord in the World Political Economy*, Princeton, Princeton University Press, 1984.

différends, offrir une aide à la décision. Les institutions sont ainsi des instruments placés à la disposition des Etats, lesquels sont demandeurs de structures de concertation et de négociation pour obtenir des gains collectifs. Ramenée à notre sujet, cette approche éclaire les motivations des Etats membres lorsqu'ils s'accordent pour créer un Haut représentant pour la PESC à qui ils confient explicitement le mandat de développer une défense commune. Le développement de la PESD illustre la coopération des Etats membres dans un domaine régalien, par essence, dans l'objectif de réduire les coûts de transaction. Le Haut représentant, sous le contrôle des Etats membres, a un rôle de coordinateur. Organe de liaison et de coordination entre les Etats membres, il facilite l'échange d'information et la négociation. Son rôle ne va cependant pas au-delà.

La coopération n'excède pas ce que souhaitent les grands Etats membres. Ces derniers gardent le processus sous contrôle. La coopération n'a aucun impact sur la définition des préférences nationales (celles-ci sont définies dans un contexte national qui est extérieur à l'institution elle-même).

Les courants réalistes et libéraux ont cependant été critiqués parce qu'ils échouaient à rendre compte du processus de la PESC-PESD dans son intégralité. Tentant de pallier cette insuffisance, *les approches constructivistes et sociologiques* accordent de l'importance aux idées, normes sociales, routines. Elles étudient les relations et influences mutuelles qui s'opèrent entre le niveau européen et les Etat membres. Les constructivistes s'intéressent aux interactions croissantes entre fonctionnaires, diplomates et militaires (au sein du Comité politique et de sécurité, du Comité militaire, de l'Unité politique autour du Haut représentant...). Ces échanges conduisent à la modification des préférences et identités des acteurs pour aboutir *in fine* à l'émergence d'une diplomatie européenne[1]. Les

---

[1] Prenant pour sujet d'étude le Comité politique et de sécurité, Christoph Meyer conclut au rôle joué par cette structure bruxelloise dans l'émergence d'une vision commune en faveur du développement de la PESC.

travaux de Ben Tonra s'inscrivent dans ce courant. S'intéressant à la PESC comme processus de socialisation diplomatique, d'apprentissage, de circulation d'idées et de normes, Ben Tonra montre comment la PESC a conduit à modifier les stratégies des acteurs diplomatiques nationaux et aussi leurs intérêts, leurs préférences et leur identité sur la scène internationale[1].

Pour rendre compte des évolutions en matière de politique étrangère, Jolyon Howorth peut évoquer un « supranationalisme intergouvernemental » alliant la culture de l'intégration communautaire à la coopération intergouvernementale. « La politique étrangère est intergouvernementale dans la forme, mais est peut-être plus supranationale qu'on le croit sur le fond[2] ».

Dans la forme, en effet, la plupart des décisions sont prises à l'unanimité en matière de politique étrangère mais on constate « une intrusion » de la culture communautaire dans l'appareil décisionnaire. On parle aussi de transgouvernementalisme pour qualifier un mode de coopération diplomatique qui est plus qu'intergouvernemental sans être supranational.

Le processus décisionnel de la PESD semble pourtant s'être écarté de son modèle intergouvernemental initial au profit des institutions de Bruxelles. Si « la politique étrangère a été établie dans une perspective strictement intergouvernementale à partir de grandes négociations, elle est devenue beaucoup plus institutionnalisée (c'est-à-dire gouvernée par des règles) que ce

---

[1] Ben Tonra, *The Europeanization of National Foreign Policy: Dutch, Danish and Irish Foreign Policy in the European Union*, Aldershot, Ashgate, 2001. Citons aussi les travaux de Robert Giegerich. Cet auteur constate la consolidation progressive d'une culture stratégique européenne qui se traduit par une certaine convergence en ce qui concerne l'évaluation des menaces et les orientations en matière de gestion des crises. Robert Giegerich, *European Security and Strategic Culture : National Responses to the EU's Security and Defence Policy*, Baden-Baden, Nomos, 2006
[2] Jolyon Howorth, *European Security and Defense Policy*, p. 33.

que ses architectes avaient souhaité ou même anticipé », écrit Michael E.Smith[1]. Souhaitant aller au-delà d'une lecture Bruxelles/Etats membres, une autre approche d'inspiration sociologique axe ainsi ses travaux sur l'institutionnalisation. L'intégration ne peut se faire sans institutionnalisation qui, elle-même favorise la coopération. Par là même, la création de la fonction de Haut représentant a renforcé la PESC tandis que le Haut représentant est, lui, à l'origine de l'émergence de la PESD. Cette approche accorde un rôle important aux institutions et aux stratégies des acteurs. Cet axe est celui qu'adopte, en particulier, Yves Buchet de Neuilly dans ses travaux. L'accent est mis sur les rapports de force, les concurrences bureaucratiques et les stratégies de pouvoir entre les différents acteurs. Les acteurs fomentent des « coups institutionnels » pour légitimer une expansion de leurs compétences. Cela se vérifie empiriquement. On constate en effet un phénomène d'appropriation progressive du processus de la PESD par de nouveaux acteurs dont le Haut représentant.

Ce tour d'horizon permet de faire émerger d'autres réflexions à partir de notre question centrale évoquée plus haut. Peut-on considérer Solana comme un facilitateur dont la mission a été de rapprocher les lignes, générer du consensus ? Ou est-il allé au-delà : a-t-il un pouvoir de mise à l'agenda ? Peut-on le créditer d'avoir généré un début de politique étrangère ? Est-il un acteur, au sens de Bretherton et Vogler : « une entité capable d'agir sur la scène internationale et jouissant d'un certain degré d'autonomie à la fois par rapport à l'environnement dans lequel il opère et par rapport aux unités qui le constituent[2] » ? Le Haut représentant pour la PESC peut-il être envisagé comme un facilitateur ou un entrepreneur politique ?

---

[1] Michael E.Smith, *Europe's Foreign and Security Policy. The Institutionnalization of cooperation* », Cambridge, Cambridge University press.
[2] Bretherton et Vogler cités dans l'ouvrage de Thierry Tardy, *Gestion de crise, maintien et consolidation de la paix*, Ed.de Boeck, 2009, p. 37.

Nous souhaitons formuler, à ce stade, plusieurs hypothèses.

La première envisage la fonction de Haut représentant pour la PESC comme dénuée de toute marge de manœuvre face aux Etats membres. Dépourvue de toute capacité d'initiative, l'institution du Haut représentant permet l'échange d'informations, facilite la prise de décision, met en œuvre les orientations qui sont décidées par les gouvernements et se fait l'écho des décisions prises. Les gouvernements peuvent renforcer leur coopération, mais uniquement dans l'objectif de réduire les coûts de transaction. Au final, les Etats membres tentent d'infléchir la PESC-PESD selon les priorités de leur diplomatie nationale.

Le Haut représentant peut concurremment être envisagé comme le moteur réel de la PESC-PESD. L'émergence d'une « Europe de la politique étrangère » confère aux acteurs bruxellois, dont Javier Solana un rôle clef en matière de PESC/PESD, dont il est un agent actif et décisif. Il est doté d'un pouvoir de mise à l'agenda dans le développement de la PESC-PESD. En dépit d'un mandat formel assez limité, le Haut représentant réussit à se tailler un champ d'action important et une autonomie par rapport aux Etats membres. Il serait « un moteur puissant pour dynamiser l'ensemble du système[1] ».

Une troisième voie se situe à mi-chemin entre l'approche de type intergouvernementale et la bruxellisation. Dressant le constat de la complexité du processus, cette lecture accorde au Haut représentant un leadership « par procuration » susceptible d'être remis en cause par un Etat membre et de gripper le système dès qu'un dossier devient trop sensible, les divergences politiques trop importantes ou plus simplement que les Etats membres ne souhaitent pas l'implication du Haut représentant. Il y a des dossiers qu'on ne transfère pas à Bruxelles,

---

[1] Emmanuel Decaux, « Le processus de décision de la PESC. Vers une politique étrangère européenne ? », in *The EU as an Actor in International relations*, Cannizzaro Enzo, Aspen Publishers, 2002, p. 20.

commentait le chercheur Eric Remacle au moment de la crise au Liban en 2006. Si on peut reconnaître à Solana un rôle d'impulsion, les décisions finales sont soumises à l'approbation des 27. Sa capacité d'entraînement est davantage conjoncturelle, c'est-à-dire liée au dossier en jeu, au contexte politique et international, que structurelle. Solana a d'ailleurs veillé à entretenir des contacts quotidiens avec les différentes capitales pour vérifier qu'il détient bien leur soutien.

Dans une première partie, nous étudierons la genèse de la fonction de Haut représentant pour la PESC. Nous évoquerons les débats qui ont opposé les Etats membres au moment de la négociation du Traité d'Amsterdam, significatives des réticences que soulevait la création d'un tel poste. La frilosité des Etats membres explique l'ambiguïté constructive du mandat de Haut représentant au final. Le premier titulaire du poste, Javier Solana devra s'imposer en tant qu'acteur de la politique étrangère. Après le revirement des Britanniques jusqu'alors opposés à une construction de nature militaire en dehors de l'OTAN, il saisira l'opportunité du mandat qui lui est confié par les 27 : mettre en œuvre la PESD. Ce faisant, il veillera à étoffer la structure administrative du Conseil et en faire un organe plus politique en le dotant, notamment, d'une architecture politico-militaire. La PESD est déclarée opérationnelle en décembre 2001 au Sommet de Laeken mais c'est seulement en 2003 que l'Union européenne conduira ses premières opérations sur le terrain, de façon assez symbolique, dans les Balkans. Parallèlement, l'Union européenne se dote d'un corpus doctrinal avec la Stratégie européenne de sécurité (SES), élaborée par Solana et son équipe, adoptée par le Conseil européen en 2003. Ce document justifiera les interventions ultérieures notamment sur des théâtres d'opération extérieurs comme l'Afrique ou l'Asie. Ce sera l'objet de notre seconde partie. Nous essaierons d'évaluer quel rôle a joué Solana dans la gestion des crises. Quelle est sa marge de manœuvre ? Comment s'effectue la division des tâches avec les Etats membres ? Finalement dans quelle mesure les innovations institutionnelles en matière de

PESD ont-elle ou non permis à l'UE d'avoir un impact sur le terrain ? Nous prendrons appui à la fois sur des dossiers liés à la diplomatie classique, puis nous donnerons des exemples d'opérations de gestion de crise.

Choisir comme sujet le Haut représentant pour la PESC ne va pas sans obstacles. La faible littérature consacrée au Haut représentant en est un. Mais ce constat traduit aussi le fait que le sujet a été peu exploré. Dix ans après l'institution du Haut représentant, il semblait intéressant d'étudier comment le poste de Solana s'est intégré dans la dynamique de la PESC/PESD. La complexité du processus décisionnel en la matière fait qu'il est parfois difficile de déterminer exactement qui est à la source de la décision ou de la proposition. Ce travail pourra éclairer les atouts et limites du poste de Haut représentant pour les Affaires étrangères et la politique de sécurité, crée par le Traité de Lisbonne, entré en vigueur en décembre 2009.

Un autre aspect à prendre en compte pour la recherche est que le poste a été occupé par une même personne entre 1999 et 2009. En quelque sorte, c'est Solana qui a fait du poste ce qu'il est aujourd'hui. Nous n'avons cependant pas choisi d'axer notre travail sur la personnalité même de Javier Solana, qui aurait sans doute nécessité, ou en tout cas, profité d'un accès direct au Haut représentant et de son entourage proche.

Nous avons privilégié l'approche qualitative. Nous nous sommes appuyés sur des entretiens à la fois de chercheurs, de fonctionnaires, d'experts, menés entre juillet 2009 et janvier 2010. Nous avons choisi des interlocuteurs spécialisés en matière de PESC-PESD et des experts évoluant dans un environnement proche du Conseil ou en faisant partie. Nous avons également interrogé des diplomates du Quai d'Orsay. Mon ancrage au sein du ministère des Affaires étrangères entre janvier 2008 et février 2010 a pu faciliter les démarches et aussi l'accès à l'information. Cette expérience a par ailleurs été l'occasion pour moi d'obtenir un aperçu plus direct de la mise en œuvre de la PESC du point de vue du ministère et de la réalité des échanges quotidiens avec les institutions européennes, en particulier au moment de la Présidence française du Conseil de l'UE.

Il m'a été également possible de participer à deux séminaires d'observation participante : le Cours d'orientation dispensé par le Collège européen de Sécurité et de Défense, entre le 2 et le 6 février et le séminaire Relations extérieures à l'intention des diplomates, organisé par la Commission européenne, du 28 au 30 octobre 2009. Parmi les autres sources d'information figurent les discours de Solana et les communiqués de presse.

Dans notre seconde partie « Le Haut représentant à l'épreuve du terrain », nous avons dû opérer des choix s'agissant des études de cas. Nous avons pris le parti de scinder cette thématique en deux : diplomatie traditionnelle/opérations de gestion de crise. Il nous a semblé pertinent de mettre en valeur ces deux casquettes de la politique étrangère, dont l'articulation nous semble faire justement défaut à l'échelle européenne. Sur la sélection des études de cas, pour ce qui concerne la diplomatie classique, le choix était assez évident avec deux sujets majeurs pour l'Europe et emblématiques de la portée du poste de Haut représentant : le conflit au Moyen Orient et le cas du nucléaire iranien. S'agissant des opérations de gestion de crise, nous avons d'abord choisi de traiter des premières opérations que sont CONCORDIA en Macédoine et la Mission de police de l'Union européenne en Bosnie, car ce sont véritablement ces deux opérations qui, menées en 2003, mettent la PESD sur les rails. Un deuxième développement rend compte plus précisément de trois opérations : ARTEMIS en République démocratique du Congo, EUFOR ALTHEA en Bosnie et EUFOR Tchad RCA. Chacune d'elles a représenté un modèle de gestion de crise à l'européenne, et a permis de faire avancer la PESD. Ces opérations donnent des informations sur le rapport qu'entretient Solana vis-à-vis des Etats membres et le rôle que celui-ci est amené à jouer au final.

PREMIERE PARTIE :

L'INSTITUTIONNALISATION DE LA FONCTION DE HAUT REPRESENTANT POUR LA PESC

Introduite dans le Traité d'Amsterdam après d'âpres négociations, la fonction de Haut représentant pour la PESC, qui détient aussi la casquette de Secrétaire général du Conseil de l'UE, est ancrée au sein d'une institution intergouvernementale par essence. Le Haut représentant/Secrétaire général du Conseil (HR/SG) dépend structurellement des Etats membres de l'Union européenne. Doté de ressources administratives et financières modestes, le Haut représentant va devoir s'imposer dans un système institutionnel complexe faisant intervenir d'autres acteurs en matière de relations extérieures.

La nomination d'une personnalité reconnue sur la scène internationale, pourvue d'une solide expérience diplomatique et qui occupe alors le poste de Secrétaire général de l'OTAN, semble exprimer une plus grande détermination de la part des Etats membres en matière de PESC. Les quinze lui confient rapidement le mandat de mettre en œuvre une défense commune (certes limitée à des opérations de gestion de crise type Petersberg).

Entré en fonction comme M.PESC, Solana devient rapidement M.PESD (Politique étrangère de sécurité et de défense) à tel point d'ailleurs que certains analystes ont pu plaider pour la création d'un poste totalement dévoué à cette fonction[1]. Solana est, en quelque sorte, devenu sous le contrôle direct des Etats membres, l'initiateur de la PESD. Le Haut représentant étend les compétences du Secrétariat général du Conseil en développant la structure politico-militaire. La PESD est déclarée opérationnelle au Sommet de Laeken en décembre 2001. La première opération de gestion de crise sera déployée en 2003 en Bosnie.

---

[1] Daniel Keohane, « Time for Mr ESDP », *CER Bulletin*, Londres, octobre-novembre 2002.

Chapitre I
Une proposition française

1. Dix-huit mois de négociation

La question de la représentation extérieure de l'Union européenne animait déjà les débats de la Conférence intergouvernementale sur l'Union politique, qui ont conduit à la mise en place de la Politique étrangère et de sécurité commune (PESC) dans le Traité de Maastricht en 1992[1].

Dans sa contribution à l'ouvrage *La PESC : ouvrir l'Europe au monde*, Gianni Bonvicini relève : « Les gouvernements des pays tiers avaient des difficultés à percevoir pourquoi dans le cas de la Commission de Bruxelles, il était possible de s'adresser à un interlocuteur unique pour les matières communautaires avec de bonnes possibilités d'obtenir des réponses crédibles tandis que pour la Coopération politique européenne, il fallait s'adresser à la présidence tournante dans la capitale concernée avec très peu de chances d'obtenir des réponses efficaces et complètes [2] ».

Bien que porteur d'innovations en matière institutionnelle[3], le traité de Maastricht ne permet pas de donner un nouvel essor

---

[1] La PESC inclut « l'ensemble des questions relatives à la sécurité de l'Union européenne, y compris la définition à terme d'une politique de défense commune, qui pourrait conduire le moment venu, à une défense commune ». Titre V, Traité de Maastricht.

[2] Gianni Bonvicini, « De la coopération politique européenne à la PESC », in *La PESC : ouvrir l'Europe au monde*, sous la direction de Marie-Françoise Durand et Alvaro de Vasconcelos, Presses de Sciences Po, p.158.

[3] Parmi les acquis du traité de Maastricht, on note la formulation d'objectifs pour l'UE:
- la sauvegarde des valeurs communes, des intérêts fondamentaux, de l'indépendance et de l'intégrité de l'Union, conformément aux principes de la Charte des Nations Unies ;
- le renforcement de la sécurité de l'Union sous toutes ses formes ;
- le maintien de la paix et le renforcement de la sécurité internationale, (…), y compris ceux relatifs aux frontières extérieures ;
- la promotion de la coopération internationale ;
- le développement et le renforcement de la démocratie et de l'État de droit, ainsi que le respect des droits de l'Homme et des libertés fondamentales.

à la politique étrangère de l'UE tout au plus permet-il d'inscrire dans les textes des pratiques antérieures.

Certes, avec Maastricht, le Secrétariat de la Coopération politique européenne devient le secrétariat de la PESC[1]. Une décision qui a pour objectif de renforcer la présidence en exercice. Le Traité crée également de nouveaux instruments : les positions communes et les actions communes (pour l'adoption desquelles l'unanimité est la règle), mais ces derniers ne témoignent pas d'un changement qualitatif en matière de politique étrangère : ils auraient tout à fait pu être élaborés et, mis en œuvre sans le Traité de Maastricht[2]. Le dispositif de la PESC se révèle inopérant à l'épreuve du conflit yougoslave, premier test pour l'Europe. « L'accord de Dayton qui a mis un terme au conflit a été considéré comme une victoire de la diplomatie américaine et a confirmé aux yeux d'une grande partie de l'opinion publique que l'essai européen n'avait pu être transformé », soulignent Eric Remacle et Barbara Delcourt dans une étude axée sur l'analyse des actions communes adoptées par l'UE dans la crise yougoslave depuis le début de la PESC[3].

L'Union européenne apparaît incapable d'infléchir le cours des évènements et adopte un discours « incantatoire et

---

Le Traité de Maastricht crée par ailleurs deux nouveaux outils : la position commune et l'action commune et mentionne pour la première fois « la définition à terme d'une politique de défense commune ».

[1] L'Acte unique européen prévoyait l'instauration d'un secrétariat permanent auprès du Conseil, chargé de l'organisation et de la gestion de la Coopération politique européenne. Auparavant, en l'absence de secrétariat propre, la coordination des travaux revenait aux fonctionnaires de l'Etat assurant la présidence jusqu'à ce qu'un secrétariat itinérant (localisé dans les locaux du ministère des Affaires étrangères de la présidence) se mette en place, composé de personnels provenant de la présidence précédente et de la présidence suivante sur le modèle de la Troïka. Yves Buchet de Neuilly, *L'Europe de la politique étrangère*, p 154.

[2] Eric Remacle, in *De Maastricht à Amsterdam*, sous la direction de Mario Telo et Paul Magnette, p. 193.

[3] Eric Remacle et Barbara Delcourt, « La PESC à l'épreuve du conflit yougoslave. Acteurs représentations, enseignements », in *La PESC. Ouvrir l'Europe au monde*, op.cit., p 227.

suiviste ». Le bilan des deux chercheurs est particulièrement sévère :

« L'Europe en tant qu'institution n'apparaît pas comme partie prenante aux négociations internationales. La présence éventuelle de la troïka ou de représentants de l'UE ne doit à cet égard pas faire illusion. Ce sont les ministres des trois Etats européens, membres du groupe de contact, qui pèsent de tout leur poids et pas l'UE en tant que telle ». Les propos de Pierre du Bois sont également peu amènes : « Navettes. Propositions. Pressions. Les Européens n'ont rien à dire et ils ne disent rien. Les Américains dictent leurs vues[1] ».

Le manque de visibilité et d'efficacité de l'Europe sur la scène internationale laisse une impression générale de « désubstantialisation » de l'action européenne. C'est d'ailleurs la secrétaire d'Etat américaine, Madeleine Albright, qui est invitée à l'inauguration de l'aéroport de Sarajevo pourtant quasi intégralement financé par des fonds européens.

« Elle représentait la force qui faisait défaut aux Européens et dont les Bosniaques avaient besoin à l'époque », analyse Robert Cooper[2]. Dans tous les cas, l'exclamation du ministre luxembourgeois des Affaires étrangères, Jacques Poos, qui avait lancé au début de la crise en ex-Yougoslavie : « c'est l'heure de l'Europe, pas celle des Etats-Unis », aura cruellement été démentie par les faits.

La gestion du dossier yougoslave incitera les négociateurs du Traité de Maastricht à opérer des aménagements au second pilier. Les négociations pour la révision du Traité démarrent officiellement le 29 mars 1996 au Conseil européen de Turin, réuni en session extraordinaire. Les discussions ont cependant déjà commencé au sein du groupe de réflexion Westendorp,

---

[1] Pierre du Bois, « L'Union européenne et le naufrage de la Yougoslavie (1991-1995) », *Relations internationales*, n°104, hiver 2000.
[2] « La puissance et l'Union européenne », in Bernard Adam, *L'Europe puissance tranquille*, p. 50.

constitué à l'été 1995 chargé de préparer la Conférence intergouvernementale (CIG)[1].

La délégation française, menée par Michel Barnier, alors ministre délégué aux Affaires européennes défend la nomination d'une personnalité politique pour incarner la PESC sous la forme d'un président de l'Union élu ou d'un secrétaire général pour la PESC[2].

Le rapport du groupe de réflexion intitulé « Une stratégie pour l'Europe » endosse la proposition de créer une entité nouvelle : « un Haut représentant permanent pour la PESC, nommé par le Conseil européen, à un rôle au moins égal à celui de ministre, qui assumerait la conduite des Affaires politiques extérieures de l'Union et représenterait celle-ci à l'extérieur. Cette personnalité présiderait le Comité politique et aurait à son service la cellule de prévision et d'analyse ». Le groupe émet cependant certaines réserves : « cette formule demande à être élaborée davantage, car telle qu'elle est conçue actuellement, elle ne garantit pas la cohérence entre la politique extérieure communautaire et la PESC dans la mesure où elle peut comporter une certaine dualité ou un conflit de compétences avec la présidence du Conseil[3] ».

La proposition française ne fait pas l'unanimité. Comme le souligne Yves Buchet de Neuilly, « l'institution du poste fut largement le produit d'une longue négociation visant à réduire au maximum la portée de cette innovation[4] ».

« Les autres Etats membres se montraient plus que réservés sur la proposition qu'une autorité devienne la voix et le visage de

---

[1] C'est le Conseil européen de Corfou qui prévoit en juin 1994 la réunion d'un groupe de réflexion placé sous la direction du Secrétaire d'Etat espagnol aux Affaires européennes. Il débute ses travaux le 2 juin 1995.
[2] Entretien avec Philippe Setton, Direction de l'Union européenne, Quai d'Orsay, le 1er décembre 2009.
[3] Yves Buchet de Neuilly, « L'irrésistible ascension du Haut représentant pour la PESC : une solution institutionnelle dans une pluralité d'espace », *Politique européenne*, L'Harmattan, 2002, n°8.
[4] Ibid.

l'Union », confirme Michel Barnier dans un rapport au Sénat[1]. Certains Etats membres craignent que la France, en quête d'une puissance perdue, ne cherche à instrumentaliser la PESC[2]. La France réussit à rallier l'Allemagne. « Les Allemands ont fortement soutenu la création du poste de Haut représentant pour la PESD au cours des négociations d'Amsterdam », confirme Seth Jones[3]. Mais la France doit cependant revoir ses ambitions à la baisse. Il s'agit de désigner un « facilitateur » et non plus une personnalité d'envergure au service de la PESC.

La tribune conjointe publiée par Michel Barnier et Werner Hoyer dans le Monde, le 8 décembre 1995, est significative à cet égard.

« L'expérience récente prouve l'existence d'un besoin supplémentaire : celui d'un médiateur, d'un facilitateur entre Etats membres, d'un secrétaire général pour la politique étrangère et de sécurité commune, plus permanent que la présidence (qui tourne tous les six mois), susceptible de coordonner la mise en œuvre des mandats du Conseil européen et du Conseil, d'animer le travail en commun des diplomates et des ambassades des pays membres de l'Union, de prévenir le Conseil de toute évolution dangereuse impliquant une révision de l'action en cours, une personnalité chargée d'assister la présidence dans toutes ses tâches de politique étrangère et incorporée dans le système institutionnel existant (...). Cette idée d'un Secrétaire général pour la politique étrangère de l'Union ne devra certainement pas être comprise comme une solution miracle. Elle présuppose, en effet, l'existence d'un accord sincère entre Etats membres sur les trois ou quatre actions qu'il est vraiment prioritaire de mener en commun[4] ».

---

[1] Michel Barnier, « Une politique étrangère pour l'Europe après Amsterdam ? », *Rapport d'information,* 167 (98-99), Délégation du Sénat pour l'UE.
[2] Fabien Terpan, « La France et la PESD », in *La politique européenne de sécurité et de défense,* op.cit., p. 252.
[3] Seth Jones, *The Rise of European Security Cooperation*, op.cit., p. 92.
[4] Tribune de Michel Barnier et Werner Hoyer, « Une politique étrangère pour l'Europe », *Le Monde,* 8 décembre 1995.

La déclaration franco-allemande de Fribourg du 27 février 1996 lance le débat sur la création de cette nouvelle fonction. Les discussions portent sur les modalités pratiques de la création du poste. Faut-il que celui-ci soit rattaché au Conseil ou en être indépendant[1] ? Malgré l'insistance de la délégation française qui plaide pour la nomination d'une personnalité indépendante de niveau ministériel[2], une large majorité d'Etats se prononcent en faveur de l'attribution du poste au secrétaire général du Conseil, « un poste à haute responsabilité administrative dans l'ombre et au service des présidences[3] ». Cette option est retenue.

Selon le Traité, « la présidence est assistée par le secrétariat général du Conseil qui exerce les fonctions de Haut représentant pour la politique étrangère et de sécurité commune ».

« Le secrétaire général du Conseil, Haut représentant pour la politique étrangère et de sécurité commune, assiste le Conseil pour les questions relevant de la PESC, en contribuant notamment à la formulation, à l'élaboration et à la mise en œuvre des décisions politiques et, le cas échéant, en agissant au nom du Conseil et à la demande de la présidence, en conduisant

---

Document cité par Y.Buchet de Neuilly, « L'irrésistible ascension du Haut représentant pour la PESC : une solution institutionnelle dans une pluralité d'espace », *Politique européenne*, L'Harmattan, 2002, n°8.
[1] Certains Etats membres, les tenants d'une communautarisation de la PESC, ont défendu le rattachement de la fonction à la Commission européenne. Cette proposition s'est heurtée à ceux qui préféraient son maintien au sein du Conseil afin de pouvoir garder le titulaire du poste sous contrôle. Irène Ivanusic, « Un visage, une voix, oui, mais pour quelle politique extérieure et de sécurité commune ? », *les Cahiers du GERSE*, n°2, 1997.
[2] « According to the French design, the holder of this office would be an independant personality outside the existing structures. Those hoping for such an appointment were frustrated by the objection that such an office would detract from the intergovernmental nature of the CFSP process and the role of the Presidency ». Finn Laursen, « *National preference. Formation, Intersate, Bargaining and Outcome* », p. 492.
[3] Yves Buchet de Neuilly, « L'irrésistible ascension du Haut représentant pour la PESC : une solution institutionnelle dans une pluralité d'espace », *Politique européenne*, L'Harmattan, 2002, n°8.

le dialogue politique avec des tiers ». Le Haut représentant est nommé par le Conseil à l'unanimité[1].

En dépit des avancées accomplies par le Traité, Amsterdam reste une déception pour les tenants d'une PESC ambitieuse[2]. Les diverses positions idéologiques qui ont traversé les négociations expliquent un résultat mitigé au final. Il s'agissait avant tout de rendre plus efficace et plus lisible la PESC sans accélérer le processus d'intégration en matière de politique étrangère. Le traité d'Amsterdam entre en vigueur le 1er mai 1999. Il faut trouver le titulaire du poste de Haut représentant pour la PESC.

---

[1] Certains ont fait valoir que la nomination du Haut représentant par le Conseil et non par le Conseil européen pouvait témoigner d'une moindre importance accordée à ce poste. Dans les faits, c'est le Conseil européen de Cologne des 3 et 4 juin 1999 qui désigne Javier Solana.

[2] Parmi les innovations du Traité, on note la création d'une Unité d'analyse de la politique et d'alerte rapide, la définition du concept de stratégie commune (sur lesquels nous reviendrons plus loin), la reconnaissance du principe d'abstention constructive, l'extension du vote à la majorité qualifiée. Par ailleurs, notons la progression sémantique contenue dans le Traité d'Amsterdam. La politique de défense commune fait l'objet d'une définition « progressive » et non plus à terme.

2. Le mandat : un droit d'initiative ?

Le Haut représentant contribue à la formation, à l'élaboration, à la mise en œuvre des décisions. Il ne participe pas à la conception de la politique étrangère à proprement parler. Il agit dans le cadre d'un périmètre fixé par le Conseil. Son mandat, qui relève d'une compétence générale- il n'agit pas sur la base de mandats agréés par le Conseil préalablement - ne lui octroie pas de pouvoir d'initiative explicite. Son champ de manœuvre paraît très limité[1].

Pour Nicolas Levrat et Fatimata Niang, le fait même que le Haut représentant soit également secrétaire général du Conseil, c'est-à-dire une institution définie par les Traités communautaires et non un organe propre à l'UE, diminue la portée du poste.

« Cette nouvelle fonction ne permettra pas de clarifier la situation d'un point de vue juridico-institutionnel et ne s'imposera pas non plus franchement dans la pratique », estiment-ils[2]. Comme le souligne Jolyon Howorth, « un problème fréquent s'agissant de l'intégration européenne en général, et de la PESC/PESD en particulier, est que les Etats membres ayant décidé qu'il était nécessaire de mettre en place une institution centralisée, prennent peur face à leur audace et tentent aussitôt de garder la nouvelle structure sous leur ferme contrôle[3] ».

---

[1] Xymena Kurowska, « Solana Milieu: Framing Security Policy », *Perspectives on European Politics and Society*, Volume 10, Issue 4, December 2009.
[2] René Schwok et Frédérique Mérand, « Droit et science politique dans l'analyse de la dimension extérieure de l'UE », *L'Union européenne et la sécurité internationale. Théories et pratiques*, Bruxelles, Bruylant, 2009, p. 126.
[3] Jolyon Howorth, *Security and Defence Policy in the EU*, Palgrave, 2007, p. 71.

La réticence des Etats membres à permettre au Haut représentant de jouer un rôle autonome apparaît très clairement. La création du poste visait principalement à résoudre un problème structurel de la PESC : le manque de continuité lié aux présidences tournantes. Anand Menon l'explique bien : « le fait que la Présidence change tous les six mois est une cause de profonde instabilité. Il n'est pas surprenant que, dans ses relations avec l'extérieur, l'UE passe de la Dimension nordique, priorité de la présidence finlandaise à la Stratégie en faveur de la Méditerranée (objectif de plusieurs présidences françaises)[1] ».

Le constat selon lequel « le remplacement semestriel des représentants de l'Union européenne complique l'acquisition de connaissances, d'expérience pratique et de confiance de la part des acteurs diplomatiques qui sont des composantes essentielles pour la construction d'une diplomatie efficace[2] », était ainsi largement partagé.

On souhaitait nommer un Haut représentant capable de générer du consensus, d'effectuer un travail de médiation, rôle antérieurement plus ou moins dévolu à la présidence, mais que celle-ci du fait de la courte durée de son mandat n'était pas à même de mener dans la continuité[3]. On ne lui octroie cependant pas la tâche de représenter l'UE à l'extérieur même s'il peut conduire le dialogue politique avec des tiers, mais seulement à la demande de la présidence.

« A problem frequently encountered both in European integration in general and in CFSP/ESDP in particular. The Member States having decided that it was necessary to set up a centralized institution, immediatly became nervous of their own temerity and - began trying to keep the new body under their own firm control ». Jolyon Howorth, *Security and Defence Policy in the EU*, Palgrave, 2007, p. 71.

[1] Anand Menon, « Playing with fire: the EU's defence policy », *Politique Européenne*, 2002, n°8. « The fact that the Presidency rotates every six months is a cause of profound instability. It is no surprise that, in its dealing with the external world, the EU flits effortlessly from pursuing a northern dimension (Finnish Presidency) to agonising about a Mediterranean strategy (several French Presidencies).

[2] Stephan Keukeleire, « Au-delà de la PESC. La politique étrangère structurelle de l'Union européenne », *AFRI*, 2001.

[3] J.Tallberg, *Leadership and negociation in the European Union*, op.cit., p. 61.

Si le Traité d'Amsterdam introduit un nouvel acteur, les négociations ne se sont pas concentrées sur les compétences propres du Haut représentant pour la PESC. « Un numéro de téléphone sans pouvoir ne résout pas le problème de l'identification de la PESC en tant qu'acteur international (…). Le nouveau Traité d'Amsterdam constitue, certes, une autre étape, mais pas plus que les traités précédents, n'apporte de réponses aux problèmes politiques essentiels auxquels l'Europe se trouve confrontée », conclut Eric Remacle[1].

Ancré au sein du Conseil de l'UE, c'est-à-dire au cœur d'une structure typiquement intergouvernementale, le Haut représentant, doté d'un mandat imprécis et relativement faible, va devoir se tailler un champ d'action entre les ministres des Affaires étrangères de l'Union européenne, dont il dépend directement et reçoit les instructions, et des structures déjà bien intégrées dans le domaine des relations extérieures, en premier lieu, la Commission européenne.

Pour Yves Buchet de Neuilly, dans l'espace bureaucratique européen, pour peser, il faut s'imposer « comme le dernier maillon de la chaîne qui précède le niveau politique[2] ». Afin de mieux comprendre le rôle et la marge de manœuvre du Haut représentant, il convient de préciser le rôle des principales institutions en matière de PESC/PESD. Le processus décisionnel de la PESC/PESD est plus complexe qu'il n'y paraît. Nous souhaitons présenter les institutions directement impliquées, mais aussi celles qui exercent une influence indirecte[3].

Le Conseil européen et la présidence

Rassemblant les chefs d'Etat et de gouvernement des Etats membres de l'UE et le président de la Commission européenne,

---

[1] Eric Remacle, «De l'Euro à la PESC, d'Amsterdam à Helsinki : les balbutiements d'un acteur international», *AFRI 2000*, volume I.
[2] *L'Europe de la politique étrangère*, op.cit., p. 179.
[3] Notre travail s'intéresse à la période 1999-2009. Le Traité de Lisbonne, entré en vigueur en décembre 2009, a modifié le système institutionnel de l'UE.

le Conseil européen, créé en 1974, et institutionnalisé par l'Acte unique européen en 1986, donne à l'UE l'impulsion nécessaire à son développement.

Dépourvu de fonction législative, il définit les orientations politiques générales[1]. Le Conseil européen se réunit au moins une fois tous les six mois sous la présidence du chef d'État ou de gouvernement à la tête du Conseil de l'Union.

La présidence assure également la représentation de l'Union à l'extérieur, mais peut déléguer cette tâche au Haut représentant. Il revient également à la présidence d'exprimer la position de l'Union européenne au sein des organisations et conférences internationales.

Le Haut Représentant/secrétaire général travaille étroitement avec la Présidence. Il assiste le président du Conseil européen, chef d'Etat ou de gouvernement exerçant la présidence du Conseil des ministres. La présidence maîtrise le calendrier, convoque les réunions, en un mot « impose sa marque ». Cela se vérifie en particulier sur les thématiques PESC où elle dispose de plus de latitude (sa marge de manœuvre est en effet limitée par le monopole d'initiative dont bénéficie la Commission européenne dans le premier pilier[2]).

Comme le relève Jonas Tallberg dans son ouvrage, *Leadership and negotiation in the European Union* : « La présidence est dans la plupart des cas le moteur en matière de PESC. Tandis que les Etats membres et la Commission européenne disposent d'un droit de proposition, la présidence est en position de force pour prendre l'initiative en raison de son autorité et parce que cela est attendu d'elle[3] ».

---

[1] Art.15 TUE.
[2] Jean-Michel Dumond, Philippe Setton, *La politique étrangère et de sécurité commune*, p. 36.
[3] Jonas Tallberg, *Leadership and negotiation in the EU,* Cambridge university press, p. 85. « The presidency is in most cases the driving force behind the pace and policy content initiatives in the CFSP field. While other Member States and the Commission are also entitled to initiate proposals, the Presidency, because of its authority and because this role is generally expected of it, is in a stronger position to take such initiative ».

Les interactions que le Haut représentant et, par extension, le secrétariat général noue avec la présidence peuvent lui permettre d'exercer un pouvoir de mise sur agenda. Cette influence fluctue cependant en fonction du pays qui exerce le leadership.

Pour un Etat membre ne disposant pas d'un appareil administratif très étoffé, le secrétariat général est un allié de poids. Un diplomate portugais, cité par Yves Buchet de Neuilly, certifie : « on va essayer de travailler de très près avec le Haut représentant et ses services et de vraiment essayer d'utiliser à fond et comme il faut les instruments. Notre administration n'est pas énorme[1] ». Inversement, une présidence forte peut considérer intrusive l'intervention du secrétariat. Comme le souligne Carsten T.H.Pietsch, rapportant les propos d'un diplomate : « durant notre présidence, nous avons eu des problèmes fréquents avec une direction générale du Conseil. Ils essayaient de nous proposer des documents d'option que nous ne souhaitions pas. Après trois ou quatre tentatives, nous avons eu une altercation et nous nous sommes éloignés du secrétariat autant que possible[2] ».

Le principe même de la présidence tournante de l'UE renforce le Haut représentant. Certaines présidences peuvent trouver intérêt à s'appuyer sur le Conseil pour un soutien allant au-delà des simples questions de procédures, sur le fond des dossiers[3]. Les présidences héritent parfois de dossiers engagés

---

[1] Yves Buchet de Neuilly, op.cit., p. 212.
[2] Carsten T.H. Pietsch, « The Role, Function and Impact of the Political and Security Committee », Bundeswehr Institute for Social Science, Strausberg, 18-19 June 2009, Berlin. « During our presidency, we had recuring problem with that DG. They were trying to get papers on the table we simply did not want. And when this happened for three or so times we had a little quarre land then we cut off the Secretariat from this as far as possible ».
[3] Jonas Tallberg, *Leadership and negotiation in the EU*, op.cit., p. 114. « The General Secretariat of the Council plays a central role in the Presidency's gathering of information, and works side-by-side with the Presidency throughout negotiations. The Council Secretariat primarily provides three kind of information to the Presidency, thus granting the chair a competitive edge. First and most importantly the Council Secretariat tracks the preferences and negotiating positions of all member governments. Through the long term involvement in a dossier and informal communication with governement

par une présidence précédente[1]. L'assistance et les conseils du secrétaire général, de son adjoint et de leurs collaborateurs jouent un rôle important. Le secrétariat est en mesure de livrer les positions de chaque Etat membre dans une négociation et est ainsi en mesure de faciliter le consensus. Il est par ailleurs familier des procédures et des instruments auxquels la présidence peut recourir.

Le Conseil Affaires générales et Relations extérieures (CAGRE)

Réuni en formation "Affaires générales et relations extérieures",[2] le CAGRE composée des ministres des Affaires étrangères des États membres est l'organe de décision essentiel en matière de PESC. Le CAGRE représente l'autorité politique directe pour le Haut représentant pour la PESC.

---

representatives, the Secretariat gains an in-depth and horizontal picture of state preferences. Second no actor is as familiar with the complex decision-making procedures of the EU and the formal instruments available to the Presidency as the Council Secretariat. Tactical advice on negotiation procedure is part and parcel of the Secretariat's support function, as is legal advice on possible course of action. Third the Council Secretariat constitutes a source of expertise on the content of dossiers under negotiation. Much like the Commission's officials gain intimate knowledge of a subject when preparing a proposal, the civil servants of the Secretariat develop an issue-specific expertise when tracing a dossier through the Council machinery ».

[1] Xymena Kurowska, « Solana Milieu: Framing Security Policy », *Perspectives on European Politics and Society*, Volume 10, Issue 4, December 2009. « The expertise and interest of the member states in the matter of foreign policy vary considerably and different Presidencies rely on the Council for all sorts of support, both substantial, procedural and regarding the strategies of agenda management. The Council cooperation is deemed necessary: their officials simply have a better overview over the situation at hand and they have a better grasp of available tools, both legal and non-codified, to bring the member states together ».

[2] Cette appellation a été entérinée en 2002. Dans les faits, le CAGRE tient deux sessions : une session Affaires générales et une session Relations extérieures. Cette scission a permis d'alléger les agendas des ministres. Le volet Relations extérieures désigne la conduite de l'ensemble de l'action externe de l'Union à savoir la PESC, la PESD, le commerce extérieur ainsi que la coopération au développement. Conclusions de la Présidence, Séville, 21 et 22 juin 2002.

Réuni une fois par mois, il définit et met en œuvre la politique étrangère et de sécurité commune de l'UE sur la base des orientations définies par le Conseil européen[1]. Les positions officielles du Conseil sont diffusées sous la forme de conclusions ou de déclarations. Des déclarations sont également faites par la présidence et par le Haut Représentant.

Les ministres de la défense de l'UE se réunissent également, mais de façon informelle car il n'y a pas de session du Conseil consacrée à la défense. Cette pratique a été initiée pour la première fois le 13 mai 2002, à la suite d'une décision du Conseil[2]. Chaque présidence tient une réunion informelle des ministres de la défense. Ils participent également à la session du Conseil Relations extérieures, consacrée aux questions politico-militaires.

Tout un travail de préparation a lieu en amont des CAGRE qu'il est nécessaire de souligner pour bien pour bien comprendre les influences qui opèrent dans le champ de l'action extérieure européenne. Les travaux du Conseil sont en effet préparés par le Comité des représentants permanents (Coreper) et par le Comité politique et de sécurité (COPS), qui intervient spécifiquement s'agissant des questions politiques et de sécurité.

Les réunions du COPS et du Coreper sont elles-mêmes préparées par les groupes de travail dans le domaine de la PESC composés d'experts des États membres de l'UE et de la Commission européenne (le groupe Nikolaidis pour les réunions du COPS). Craignant d'être mis à l'écart, le COREPER a initialement montré quelques résistances à la création d'un tel groupe qui avait été suggérée par la présidence

---

[1] Les ministres se réunissent également de façon informelle au cours du Gymnich du nom du château près de Bonn, qui accueillit, en 1974, la première réunion de ce type à l'invitation de la présidence allemande. La discussion des ministres s'effectue sans ordre du jour en présence du Président de la Commission et du Secrétariat général du Conseil.
[2] Décision ad hoc suivie par une déclaration du Conseil européen de Séville selon laquelle « d'autres réunions de ce type sont prévues ». F.Terpan, *La politique étrangère et de sécurité commune*, op.cit., p. 195.

grecque en 2003, Aujourd'hui, ce groupe est devenu « indispensable au bon fonctionnement du COPS [1] ».

Groupes « techniques » par essence, ces groupes de travail jouent un rôle important dans la mise en œuvre de la PESC. Ce sont eux qui fournissent la matière des déclarations de la présidence, dont le contenu est d'abord discuté au sein du Comité politique et de sécurité puis du Conseil. Ils élaborent également des recommandations à l'intention du COPS en matière de PESC[2].

La troïka

Réunissant initialement la présidence en exercice assistée de la présidence précédente et de la présidence suivante, la Troïka, modifiée par le Traité d'Amsterdam, intègre désormais, outre la présidence, le Haut représentant pour la PESC et le président de la Commission européenne (article 18 du TUE)[3]. La participation à la Troïka renforce la visibilité du Haut représentant. Nous verrons, dans la seconde partie, que le format Troïka est souvent privilégié dans les négociations diplomatiques.

Le Parlement européen

Le Parlement n'a pas de compétence directe en matière de PESC-PESD et estime ne pas être suffisamment associé[4]. Selon le Traité, la présidence consulte le Parlement sur les principaux aspects et choix de la politique étrangère et de sécurité commune.

---

[1] Ana E.Juncos et Christopher Reynolds, « The Political and Security Committee : Governing in the Shadow », *European Foreign Affairs review*, 12, 2007.
[2] Source : http://www.consilium.europa.eu/showPage.aspx?id=248&lang=fr
[3] Le Représentant spécial de l'Union européenne dans la région est associé à la troïka quand il est présent sur place (source : http : //www.diplomatie.gouv.fr).
[4] Jolyon Howorth, *European Security and Defense Policy*, op.cit. p. 65.

Le Parlement européen est tenu régulièrement informé par la présidence et la Commission européenne de l'évolution de la politique étrangère et de sécurité de l'Union. Généralement, la présidence s'adresse au Parlement européen en début et fin de chaque exercice. Le président du Conseil (Ministre des Affaires étrangères du pays exerçant la présidence) est également présent le premier jour de chaque session plénière du Parlement.

Le Parlement peut adresser des questions ou formuler des recommandations à l'intention du Conseil. Il adopte par ailleurs de nombreuses résolutions dans le domaine de la politique étrangère sur des questions d'actualité ou sur les droits de l'homme. Elles sont généralement inscrites en point A de l'ordre du jour du Conseil et ne font pas l'objet d'un débat. Les parlementaires n'hésitent pas à se rendre sur le terrain en cas de lancement d'une opération afin d'obtenir des informations et de rendre visible le Parlement.

Mais l'intervention du Parlement européen se situe principalement dans le domaine budgétaire. Le Parlement vote le budget qui détermine le montant alloué à la PESC. Ce qui lui donne un droit de regard sur l'utilisation des fonds, hors opérations de gestion de crise militaire. Le budget communautaire ne permet pas en effet de financer ce type d'opérations. Les Traités existants interdisent l'emploi des fonds PESC à des fins militaires[1].

Le budget PESC a fortement augmenté dans le cadre des perspectives financières 2007-2013 : 1,74 milliards d'euros, soit 250 millions d'euros par an environ (contre 102 millions en 2006, 62 millions en 2004 et 2005, 46 millions en 2003[2]). Le

---

[1] L'article 28-3 du Traité sur l'Union européenne ne permet pas le financement des dépenses « afférentes à des opérations ayant des implications militaires ou dans le domaine de la défense » à partir du budget communautaire.

[2] Source : Représentation permanente de la France à Bruxelles (http://www.rpfrance.eu/spip.php?article786).
Dans un article publié sur *Diploweb* intitulé « Le budget communautaire est-il adapté aux enjeux de puissance de l'Union européenne ? », le Commissaire-Commandant Gaël Dettwiler souligne que les crédits PESC 2006 sont inférieurs aux 112 millions d'euros du programme « Encourager et

budget consacré à la PESC reste toutefois modeste au regard des enjeux liés à l'émergence d'une politique étrangère européenne. Il représente environ 0,05% des dépenses européennes à comparer au budget d'une ONG comme Médecin sans frontières (500 million d'euros en 2005).

L'accord interinstitutionnel de 2006 entre le Parlement européen, le Conseil et la Commission sur la discipline budgétaire prévoit un rapport annuel sur les activités de l'UE en matière de PESC/PESD transmis par le Conseil au Parlement qui doit approuver le budget PESC[1]. Le Parlement répond directement au document du Conseil via un rapport et la résolution sur la PESC (appelé le « rapport Brok », du nom de son auteur, président de longue date de la Commission des affaires étrangères[2]).

Les relations et les échanges avec le Parlement européen se sont multipliés. Le Haut représentant pour la PESC est intervenu à de nombreuses reprises devant le Parlement européen, en particulier devant la Commission Affaires étrangères[3]. Solana estimait que le Parlement représentait une « caisse de résonance importante », précise Nicole Gnesotto, ancienne directrice de l'Institut d'études de sécurité[4], même si, selon elle, Solana n'a pas assez utilisé le Parlement européen pour faire passer des messages. Pour Patrice Bergamini, qui a été le directeur adjoint de cabinet de Solana : «la priorité était de faire la PESD à l'extérieur c'est-à-dire de démontrer aux partenaires de l'UE que cette dernière devenait un acteur opérationnel fiable sur les théâtres les plus variés et les plus compliqués, davantage que

---

promouvoir la coopération dans le domaine de la jeunesse et des sports ».
[1] Le rapport 2008 est disponible à l'adresse suivante :
http://www.consilium.europa.eu/showPage.aspx?id=248&lang=fr
[2] Source : site Internet du Parlement européen
http://www.europarl.europa.eu/parliament/expert/displayFtu.do?id=74&ftuId=FTU_6.1.1.html&language=fr
[3] Les questions PESD sont débattues au sein de la Sous-commission de la Sécurité et de la défense, créée en 2004.
[4] Entretien, le 9 octobre 2009.

d'en assurer son auto-promotion à l'intérieur de l'Union: la preuve par les faits[1] ».

Afin de renforcer les liens avec l'institution, Javier Solana a tout de même créé le poste de Représentant personnel du HR pour les affaires parlementaires occupé depuis janvier 2006 par le danois Michael Matthiessen.

Le Parlement européen est plus présent dans les enjeux PESC-PESD, dont il soutient le développement adoptant une vision maximaliste. Selon André Dumoulin, « il encourage la clarification de la stratégie de l'UE dans l'emploi de la force pour la résolution de conflits, une plus grande cohérence institutionnelle, ainsi qu'un rôle pour lui-même dans le contrôle de l'ensemble de ces évolutions[2] ». Cependant, la question de l'association du Parlement à la PESC-PESD reste un problème.

Les tensions sont encore vivaces. Quand une opération PESD est en préparation au sein du Conseil et du COPS, les représentants du Secrétariat général sont réticents à s'exprimer lors des auditions publiques et préfèrent s'entretenir avec le « comité spécial du PE », constitué de cinq parlementaires ayant une habilitation à consulter les documents confidentiels.

Cette prudence reflète les craintes des gouvernements « à faire participer l'Assemblée européenne dans les discussions et décisions concernant la PESD. Pour les exécutifs gouvernementaux, une telle participation pourrait accroître les possibilités pour le Parlement de s'opposer indirectement à certains éléments nationaux des politiques de défense ou de rechercher à rendre visible certains éléments confidentiels[3] ».

Le contrôle parlementaire de la PESD est une question majeure. La PESD souffre de l'absence d'une dimension

---

[1] Entretien, le 1er décembre 2009.
[2] Amdré Dumoulin, « Le Parlement européen et la PESD », *Les Cahiers du RMES*, hiver 2007-2008. Article disponible à l'adresse suivante : http://www.rmes.be/CDR%208/CDR8_Dumoulin.pdf
[3] Ibid.

parlementaire dans ses mécanismes. Le Parlement européen n'hésite pas à faire part de son mécontentement au Haut représentant en menaçant de ne pas accorder la décharge[1].

La Commission européenne

La Commission européenne est un acteur important en matière de relations extérieures. De nombreux travaux de recherche ont porté sur les concurrences inter-institutionnelles entre la Commission et le Conseil, dont le Haut représentant.

Aujourd'hui pleinement associée aux travaux dans le domaine de la PESC (article 27 TUE), la Commission européenne a longtemps été marginalisée, considérée comme une structure étrangère à l'activité diplomatique. Elle a longtemps été exclue du réseau de télex qui relie les correspondants européens[2].

Elle dispose d'un droit d'initiative partiel qu'elle partage avec le Conseil depuis Maastricht[3]. Le Conseil peut demander à la Commission de lui présenter toute proposition appropriée relative à la PESC (article 14.4 TUE, introduit par le Traité d'Amsterdam de 1997).

---

[1] Dans un article, Nicolas Gros-Verheyde relaye le mécontentement du Parlement européen face au manque de transparence du budget PESC. « La commission de contrôle budgétaire du Parlement européen a décidé, hier, de reporter le vote de la décharge des dépenses du Conseil. Un geste de mauvaise humeur destiné à montrer au Secrétaire général du Conseil, Javier Solana, que les parlementaires ne sont pas (du tout) contents de l'attitude du Conseil de l'Union européenne. Il faut souligner que le refus de voter la décharge est l'arme suprême du Parlement européen, en tant qu'autorité de contrôle du budget ». Le Parlement européen conteste aussi la faiblesse de son contrôle s'agissant de la nomination des Représentants spéciaux dont il craint que leur action n'entrave celle des délégations de la Commission européenne. « Le Parlement européen, mécontent du manque de transparence du budget PESC », mars 2009.
[2] Mis en place en 1973, le réseau Coreu « Correspondance européenne » constitue l'instrument quotidien d'échange entre les ministères des Affaires étrangères des pays membres, avec la Commission depuis 1983 et le Secrétariat Secrétariat général du Conseil.
[3] Jean-Michel Dumond et Philippe Setton, *La politique étrangère et de sécurité commune*, La documentation française, 1999, p 15, op.cit.

La Commission dispose des moyens pour influer sur l'action extérieure de l'Union européenne même si elle a parfois eu tendance à se mettre en retrait afin de préserver son monopole d'initiative dans le domaine communautaire et éviter de possibles empiètements de la part du Conseil[1].

La Commission peut s'appuyer sur sa propre structure administrative. Elle dispose également d'un réseau de plus de 130 délégations auprès des pays tiers et des organisations internationales[2]. Elle a en main d'importants instruments économiques et financiers.

Dotée d'un pouvoir d'exécution budgétaire, la Commission maîtrise la plus grande partie des moyens financiers affectés par l'Union à l'action extérieure. Elle dispose d'une marge de manœuvre importante dans l'utilisation des fonds communautaires.

La Commission européenne est un acteur important en matière de politiques d'aide au développement et de coopération. Elle dispose du Fonds européen de développement (FED). Par exemple, lors du lancement, en 2005, de la mission

---

[1] En 1994, la Commission a refusé que le Conseil décide de l'affectation des fonds des crédits en faveur de l'Autorité palestinienne au nom de son pouvoir d'exécution budgétaire. De la même façon, les Etats membres ont rappelé à l'ordre le Commissaire Hans Van den Broeck, lequel s'était prononcé sur la posture européenne en ex-Yougoslavie. J-M Dumond et Philippe Setton, op.cit., p 59.

[2] Le réseau des délégations a initialement été établi pour faciliter la mise en œuvre des accords ACP. Les délégations de la Commission européenne trouvent leur origine dans l'exécution sur le terrain des projets du Fonds européen de développement (FED) par des contrôleurs techniques. La Convention de Lomé officialise le rôle des délégations auprès des pays ACP. Les délégations jouissent du statut diplomatique et exercent le droit de légation actif des communautés. Pour faire le lien avec la PESC qui est assumé par l'ambassade de l'Etat membre qui exerce la présidence, les délégations de la Commission ont créé en leur sein un poste de conseiller pour les affaires politiques. Christian Franck, « L'émergence d'un acteur global : expansion géographique et renforcement institutionnel de l'action extérieure de l'UE », Politique européenne, 2007/3. Le répertoire des délégations est consultable à l'adresse suivante: http://ec.europa.eu/external_relations/repdel/edelhrm/index.cfm?fuseaction=crepdel.europa&lang=FR

EUPOL-Kinshasa en RDC, la Commission européenne a financé via le Fonds européen de développement, la formation initiale des officiers recrutés pour former l'unité spécialisée. Elle a également été impliquée dans la rénovation d'un centre de formation et dans la fourniture d'équipements[1].

La Commission européenne peut également recourir à d'autres instruments en matière de prévention des conflits : le Mécanisme de protection civile (MPC), l'Instrument de stabilité (IdS), le Bureau de l'aide humanitaire (ECHO), l'Instrument européen pour la démocratie et les droits de l'homme (IEDDH).

Avec le traité d'Amsterdam, le Commissaire chargé des relations extérieures est devenu vice-président de la Commission. Cela témoignait du souhait de voir la Commission européenne jouer un rôle accru en matière de PESC, et de rendre plus cohérente l'action de l'Union en matière de relations extérieures[2].

Les rivalités n'ont cependant pas manqué d'éclore. La Commission européenne était d'ailleurs très hostile à l'institution du Haut représentant avançant l'argument de l'alourdissement du processus institutionnel. Commission et Conseil aspirent chacun à un rôle, à une visibilité propre. Les deux institutions se distinguent également par leur culture institutionnelle.

Yves Buchet de Neuilly rapporte les propos d'un fonctionnaire de la Commission européenne : « la PESC ça ne fait pas vivre. C'est bien gentil de dire que l'Union européenne doit absolument émerger comme puissance politique. Mais la

---

[1] La mission, créée par l'action commune 2004/847/CFSP du 9 décembre 2004, vise à encadrer et conseiller l'Unité de police intégrée (IPU), sous commandement congolais, préalablement formée par une précédente Mission européenne. L'Unité de Police Intégrée doit contribuer à assurer la protection des institutions étatiques et renforcer l'appareil de sécurité intérieure en RDC.

[2] Art. 3 TUE : « L'Union veille à la cohérence de l'ensemble de son action extérieure dans le cadre de ses politiques en matière de relations extérieures, de sécurité, d'économie et de développement. Le Conseil et la Commission ont la responsabilité d'assurer cette cohérence et coopèrent à cet effet. Ils assurent, chacun selon ses compétences, la mise en œuvre de ces politiques ».

PESC ne sera crédible qu'avec des outils communautaires crédibles. La PESC ne peut pas prendre appui sur du vide [1] ».

Emmanuel Decaux compare l'action extérieure de l'Union européenne à « un monstre à plusieurs têtes avec d'un côté, un secrétaire général s'exprimant sous le contrôle de la présidence du Conseil pour ce qui concerne la PESC et, de l'autre, un Commissaire aux relations extérieures au sein d'une Commission collégiale où nombre de compétences ont une dimension externe[2] ».

Le défi de la cohérence est lié au fait que la PESC se situe « à la charnière du mode communautaire et de l'intergouvernemental pur. Son développement (ainsi que celui de la PESD) évolue vers un traitement inter-piliers des dossiers[3] ». Par exemple, les sanctions économiques dans le cadre communautaire sont soumises à une décision du CAGRE[4].

Dans la pratique, les rapports entre le Haut représentant pour la PESC et le Commissaire chargé des relations extérieures donneront lieu à des tensions[5].

Dans son ouvrage « Not Quite the Diplomat », Chris Patten résume bien le rapport entre ces deux figures de l'action extérieure: « Solana était le représentant de tous les ministres des Affaires étrangères. J'avais en charge les programmes de la Commission européenne dont le développement et la coopération (…). Solana occupait le devant de la scène, j'étais en charge du back office. Mais, au moins, à l'arrière, les leviers

---

[1] Yves Buchet de Neuilly, *L'Europe de la politique étrangère*, p. 145.
[2] Emmanuel Decaux, « Le processus de décision de la PESC : Vers une politique étrangère européenne ? », in Cannizzaro Enzo, *The EU as and Actor in International Relations*, Kluwer Law International, p.14.
[3] Site du Quai d'Orsay (http://www.diplomatie.gouv.fr)
[4] La pratique des sanctions s'est développée dans les années 1990 (Zaïre, Soudan, Libye, Haïti…). Témoignage d'un fonctionnaire de la DG RELEX au cours du 31e Séminaire PESC pour les diplomates des Etats membres du 28 au 30 octobre 2009.
[5] Si Javier Solana et Chris Patten ont su travailler ensemble de l'avis général, les rapports entre le Haut représentant et Benita Ferrero-Waldner ont donné lieu à des rivalités.

étaient connectés à la machine : mettez-les en marche et quelque chose se produit, même si cela arrive parfois trop lentement [1] ».

Mais la machine peut aussi se gripper en cas de conflits de personnalités qui « les amènent souvent à se neutraliser l'un l'autre »[2].

En matière de gestion de crise, la concurrence est toujours vivace. La Commission a intérêt à développer les instruments dans le pilier communautaire. Elle estime que le développement du volet civil de la PESD empiète sur ses prérogatives[3]. Elle a veillé à bétonner ses positions[4].

Un diplomate français cité par Yves Buchet de Neuilly raconte : « chacun est jaloux des prérogatives de l'un et de l'autre donc on se retrouve à mal passer le flambeau de la PESD aux programmes communautaires et au début à avoir une concurrence. On l'a vu sur l'Irak, on a eu une concurrence très forte entre un texte communautaire et un texte Solana, finalement, on a eu un texte conjoint ».

L'élaboration de la Stratégie européenne de sécurité (SES) en 2003 par Solana a été envisagée par la Commission européenne comme une tentative de la part du Haut représentant d'élargir son champ d'action[5]. Ces tensions ont donné lieu à des

---

[1] Chris Patten cité par Karel de Gucht, « Shifting EU Foreign Policy into Higher Gear », Collège d'Europe, *EU Diplomacy Paper*, Novembre 2006. « Solana was the representative of all foreign Ministers: I had charge of the Commission's external services, development and cooperation programme, and the coordination of all the activities that had a major bearing on other countries. As far as I was concerned, Solana occupied the front office and I was in charge of the back office of European Foreign policy. But at least in the back office, the levers were connected to the machinery : pull them and something will normally happened. Sometimes too slowly ».
[2] Frédéric Mérand, *L'Union européenne et la sécurité internationale*, op.cit., p. 39.
[3] René Schwok et Frédéric Mérand, « La puissance européenne et la gestion civile des crises », *L'Union européenne et la sécurité internationale,* p. 115.
[4] Entretien avec Yves Buchet de Neuilly. Le rôle de la Commission européenne en matière de gestion de crise est largement évoqué lors des formations des diplomates en stage à la Commission européenne. 31e séminaire sur la PESC, octobre 2009.
[5] Entretien avec Philippe Setton, le 1er décembre 2009.

problèmes de coordination sur le terrain même de la gestion des crises.

Recevant ses instructions du Conseil européen et du CAGRE, le positionnement du Haut représentant, doté de ressources adminsitratives et financières minimes par rapport à la Commission européenne, elle-même acteur clef en ce qui concerne l'action extérieure, est complexe.

Pour Philippe Setton et Jean-Michel Dumond : « ou la personnalité choisie pour assumer la fonction de Haut représentant pour la politique étrangère et de sécurité commune est falote et, dans ce cas, son rôle est au mieux modeste, ou elle fait preuve de dynamisme et, dans cette hypothèse, le conflit avec les ministres des Affaires étrangères est inévitable[1] ».

Le choix du titulaire du poste allait se révéler déterminant. Deux facteurs auront une incidence sur l'envergure du poste : l'identité du Haut représentant et la volonté de la présidence de recourir à ses services[2].

---

[1] Jean-Michel Dumond et Philippe Setton, op.cit., p. 43.
[2] Finn Laursen, *National preference. Formation, Interstate, Bargaining and Outcome*, op.cit., p. 492. « The Consolidated Treaty on the EU's stipulations on the role of the High representative left open considerable room for latitude depending in particular, upon the identity of the High Representative and the willingness of the Presidency to use the office ».

3. Le choix d'une personnalité politique : la nomination de Javier Solana

Le niveau du Haut représentant conditionnait la marge d'action de son titulaire et le crédit qui lui serait octroyé en tant qu'interlocuteur sur la scène internationale. Envisagée dans un premier temps pour la fin 1998, la nomination du Haut représentant pour la PESC est reportée. Les quinze hésitent sur le profil. C'est une véritable bataille politique qui s'engage[1].

Désireux de voir nommer un M.PESC de grand niveau politique, les Français font circuler le nom de Valérie Giscard d'Estaing. Le Conseil européen de Vienne des 11 et 12 décembre 1998 se prononce en faveur « d'une personnalité ayant une stature politique de premier plan ».

« Cette décision lève l'ambiguïté qui pesait jusqu'alors sur le choix de la personnalité, qui constitue un élément décisif de son efficacité », se réjouit Michel Barnier.

« Pour qu'il bénéficie d'une réelle autorité, qui lui permette d'initier et d'animer la politique étrangère de l'Union, il est essentiel que l'accord porte sur une personnalité politique afin qu'il puisse bénéficier d'une écoute et d'une crédibilité incontestables auprès du Conseil. Tant qu'il était envisagé que la désignation concerne une personnalité du monde diplomatique et administratif, le risque était grand que le Haut représentant ne soit qu'une instance supplémentaire, ne faisant pas progresser la situation d'aujourd'hui. L'avancée de Vienne constitue un élément très positif pour l'évolution de la PESC[2] »

Le Conseil européen de Cologne, réuni en juin 1999, désigne Javier Solana, ancien ministre espagnol des Affaires étrangères au poste de Haut représentant. Solana est alors le secrétaire général de l'Organisation du Traité de l'Atlantique Nord

---

[1] Jolyon Howorth, *European Security and Defense Policy*, op.cit., p. 66.
[2] Rapport de Michel Barnier, *Une politique étrangère après Amsterdam ?*, op.cit.

(OTAN). Les quinze retiennent l'option de confier cette fonction à une personnalité qui dispose de ressources diplomatiques et politiques incontestables : « un carnet d'adresse et la capacité de mobiliser des réseaux, en particulier l'Internationale socialiste », note Philippe Setton[1].

La nomination de Javier Solana est une interprétation ambitieuse du Traité d'Amsterdam[2].

Ce choix constitue « un signal immédiat de la forte envergure que les gouvernements des quinze comptaient donner à ce nouvel acteur institutionnel. (…) La figure du Haut représentant était faiblement dessinée dans le jeu de la politique étrangère européenne avant qu'elle ne prenne le visage de Javier Solana», estime Yves Buchet de Neuilly[3].

Sa nomination traduit la volonté politique des Etats membres en matière de PESC. « Pour renforcer la portée des nouvelles structures, le poste de Haut représentant n'a pas été confié à un diplomate mais à une figure politique majeure, incarnée par le secrétaire général de l'OTAN, et ancien ministre espagnol », écrit Christoph O.Meyer[4].

Né à Madrid en 1942, Javier Solana est issu d'une famille d'intellectuels et de diplomates opposée à Franco. Il a vécu en exil en Grande-Bretagne et aux Etats-Unis de 1963 à 1971.

Membre du Partido Socialista Obrero Español (PSOE) depuis 1964, il participe à tous les gouvernements du Premier ministre espagnol, Felipe González. Il est nommé ministre de la Culture en 1982, et ministre des Affaires étrangères en 1992. Il devient secrétaire sénéral de l'OTAN en 1995, ayant acquis la réputation d'être un habile diplomate. En tant que secrétaire général de l'OTAN, il bénéficie d'une très forte visibilité, sans

---

[1] Entretien, le 1er décembre 2009.
[2] Eric Remacle, « De l'Euro à la PESC, d'Amsterdam à Helsinki : les balbutiements d'un acteur international », *AFRI*, 2000, volume I.
[3] *Politique européenne*, 2002, n°8, op.cit., p13-31,
[4] Christoph O. Meyer, *The Quest for a European Strategic Culture, Changing Norms on Security and Defence in the EU*, op.cit., p 113.

compter l'estime dont il jouit aux Etats-Unis. Il peut se prévaloir d'un solide réseau de contacts internationaux[1].

Javier Solana a piloté l'action de l'OTAN en Bosnie-Herzégovine. En 1995, chargée de la mise en œuvre sur le plan militaire des Accords de Dayton en Bosnie-Herzégovine, l'Organisation envoie une force de soutien de la paix afin de maintenir des conditions de sécurité, et de faciliter la reconstruction du pays suite à la guerre de 1992-1996[2].

---

[1] L'action de Javier Solana dans la gestion du dossier kosovar est ainsi décrite par l'OTAN : « La diplomatie tranquille de Javier Solana et son talent en matière de formulation entrèrent également en jeu en 1998, lors du débat à Bruxelles sur la manière dont il convenait de réagir aux violences et aux agressions dans les Balkans. Là encore, c'est lui qui a permis d'établir que tous les Alliés pouvaient considérer qu'il existait une base juridique suffisante pour que l'OTAN autorise le recours à la force dans cette région, ce qui s'est finalement traduit par l'opération Force alliée, en 1999. Au début de l'action militaire, cette année-là, Javier Solana a de nouveau joué un rôle clé, en informant le SACEUR, le général Wesley Clark, du type de cibles militaires sur lesquelles les Alliés pourraient marquer leur accord. Son rôle a, par ailleurs, également été essentiel pour permettre à l'opération d'avancer aussi vite que possible, tout en maintenant le consensus politique entre les 19 Alliés de l'époque concernant l'action militaire ». Source : http://www.nato.int/docu/review/2009/0902/090202/FR/index.htm

[2] La première force de mise en oeuvre des accords de paix (IFOR) a duré un an de décembre 1995 à décembre 1996. Dans sa phase initiale, elle a conduit au déploiement de près de 60.000 hommes venus des États membres de l'Alliance, des pays qui participaient au programme de Partenariat pour la paix (PPP) et aussi de la Russie et de l'Ukraine. Au total, 27 États européens ont participé à l'IFOR, dans ses trois composantes, terrestre, maritime et aérienne. En décembre 1996, la décision a été prise de mettre fin à l'IFOR en la remplaçant par la SFOR, Force de stabilisation. Fin 2004, la SFOR comptait entre 7.000 et 8.000 soldats en provenance de 27 États, 20 membres de l'OTAN et 7 non membres, dont l'Argentine, le Chili et le Maroc. Le 12 juillet 2004, le Conseil de l'Union européenne a adopté une action commune « concernant l'opération militaire de l'Union européenne en Bosnie-et-Herzégovine », l'opération ALTHEA. L'Union européenne a ainsi pris la relève de l'OTAN (SFOR) par une force européenne, l'EUFOR. La résolution 1572 du Conseil de sécurité de l'ONU du 22 novembre 2004 a donné un mandat de douze mois à l'EUFOR. Source : *Rapport d'information du Sénat* disponible à l'adresse suivante : http://www.senat.fr/rap/r04-367/r04-3673.html

Javier Solana est aussi celui qui décide de déclencher les attaques aériennes contre la République fédérale de Yougoslavie en 1999 en tant que secrétaire général de l'OTAN[1] et mène la première attaque de l'Organisation contre un Etat souverain.

« Le choix de Javier Solana vient de ses qualités diplomatiques et de sa capacité démontrée comme secrétaire général de l'OTAN au moment de la guerre du Kosovo à générer du consensus », confirme Jolyon Howorth[2].

L'ancien ambassadeur américain auprès de l'UE, Stuart E.Eizenstat, peut écrire : « Le positionnement diplomatique de l'Union européenne a été renforcée par la désignation de Javier Solana, ancien secrétaire général de l'OTAN et ancien ministre des Affaires étrangères espagnol, comme Haut représentant pour la PESC. Que les 15 ministres des Affaires étrangères aient choisi une personnalité aussi visible traduit leur volonté d'avoir une politique étrangère plus affirmée et plus unie[3] ».

Cette nomination doit beaucoup à l'évolution de la position britannique, davantage portée, au départ, à soutenir un profil type haut fonctionnaire, facilement maîtrisable par le Foreign Office. Les Britanniques se montrent prêts à soutenir un choix plus ambitieux. Les avancées du Sommet de Saint-Malo fin 1998 en témoignent. Au cours de cette rencontre, les Français et les Britanniques, dont le gouvernement travailliste est moins eurosceptique, avancent sur le terrain de la politique de défense.

---

[1] Ces expériences expliquent l'importance que Solana accordera aux Balkans en tant que Haut représentant. Le dossier des Balkans a en effet constitué une priorité pour Solana. Entretien avec Patrice Bergamini, Directeur adjoint du Cabinet de Javier Solana, le 9 octobre 2009.
[2] Jolyon Howorth, *European Security and Defence policy,* op.cit., p. 66.
[3] « The EU's Diplomatic standing has been significantly strengthened with the selection by member states of Javier Solana, former NATO Secretary-general and Spanish Foreign minister, to be its High Representative for Common Foreign and Security Policy. That the fifteen Foreign Ministers from the EU member states would select such a highly visible person underscores their determination to have a more assertive, united Foreign policy», écrit Stuart E.Eizenstat, ancien ambassadeur américain auprès de l'Union européenne dans la préface de l'ouvrage de Roy H.Ginsbert « The EU in international politics ». Solana est par ailleurs décrit comme un diplomate de premier rang qui jouit d'un grand respect aux Etats-Unis.

Les Chefs d'Etat s'accordent sur le fait que « l'Union européenne doit avoir une capacité autonome d'action, appuyée sur des « *forces militaires crédibles* » avec les « *moyens de les utiliser* » et en étant « *prête à le faire* »[1].

Solana est, au final, la personnalité idéale pour faire évoluer les relations UE-UEO-OTAN nécessaires à une mise en œuvre efficace de la PESD[2].

Javier Solana débute son mandat le 18 octobre 1999[3]. Le secrétaire général est épaulé par un secrétaire général adjoint. C'est Pierre de Boissieu, représentant permanent de la France à Bruxelles depuis 1993 qui est nommé à ce poste d'ordre administratif sans compétence spécifique en matière de PESC[4].

Les 15 confient à Solana la charge de développer les capacités militaires de l'UE. Le 25 novembre 1999, Javier Solana devient également secrétaire général de l'UEO, appelée à transférer, par la suite, ses moyens à l'UE[5]. Cette décision

---

[1] Sur l'évolution de la position britannique, lire l'article de Yves Boyer, « L'UE et sa défense : des lendemains qui chantent ou une nouvelle Tour de Babel », *AFRI 2001*, volume II. Il fallait être en mesure de répondre à une crise de type Kosovo. Les Anglais étaient préoccupés par le déficit en termes de capacité militaire. Ce que Jolyon Howorth appelle « le syndrome du Kosovo ».
[2] Jean-Pierre Maulny, Bastien Nivet, *Les acteurs et réseaux de la PESD*, Centre d'études en sciences sociales de la défense, 2008, p. 56.
[3] Groupe de recherche et d'information sur la paix et la sécurité (GRIP), synthèse PESC/PESD, mars 2004. Page consultable à l'adresse suivante : http://www.grip.org/bdg/g4501.html
[4] Pierre de Boissieu est l'inspirateur de la structure en piliers du Traité de Maastricht dont il est à l'époque le négociateur pour la France. Michel Mangenot, « Le Secrétariat général du Conseil, acteur de la politique extérieure de l'UE », op.cit.
[5] Les signataires du Traité d'Amsterdam n'ont pas souhaité mettre fin à l'articulation UE/UEO. Le Traité d'Amsterdam maintient ainsi l'UEO dans son rôle de mise en œuvre de la politique de défense et précise que l'UEO fournira à l'UE l'accès à une capacité opérationnelle. C'est le Conseil européen de Cologne en juin 1999 qui prendra cette décision entérinée à Nice le 15 juin 2000. L'UEO est maintenue comme organisation résiduelle chargée de l'application éventuelle de la clause de défense collective de l'article V que l'UE ne pouvait reprendre à son compte. Par ailleurs, le Groupe d'armement de l'UEO aura également survécu à la dissolution de l'organisation. Fabien

permet de faciliter la transition entre les deux organisations. Devant l'IFRI, Solana déclare : « nous sommes dans une logique de valeur ajoutée et non de simple transfert ». En mai 2000, devant les ministres de l'UEO réunis à Porto, Javier Solana déclare que l'UE reprendra les documents conceptuels et d'orientation établis par l'UEO pour l'UE, mais que l'UE se sent tout à fait libre de décider « où, quand et comment construire sur ces fondations [1] ». Il est également prévu que l'UE reprenne le Centre satellitaire de Torrejon et l'Institut d'études de sécurité de l'UEO[2].

Finn Laursen estime que « l'année 1999, qui a pu être considérée comme une *annus mirabilis*, a rendu la PESC méconnaissable. Elle a vu l'introduction de nouveau concepts comme la PESD et a démêlé les noeuds gordiens telle que la question de la fusion entre l'UEO et l'UE avec une facilité apparente[3] ». Pour Yves Buchet de Neuilly, « la PESC se voit ainsi dotée d'une petite bureaucratie, et surtout d'un visage connu du public qui élargira progressivement son mandat grâce à ses talents d'entrepreneur politique »[4]. Le facteur clef, favorable au Haut représentant et à l'évolution ultérieure de son

---

Terpan, *La politique européenne de sécurité et de défense*, 2004, presses de l'IEP Grenoble, op.cit., p. 15.

[1] Lors du Conseil de Luxembourg, en novembre 1999, l'UEO autorise « la transmission au Haut représentant pour la PESC de l'ensemble des travaux et analyses de l'UEO en particulier ceux de l'Etat major militaire, compte tenu des arrangements de sécurité pertinents ». Il s'agit de lui transférer « tout un ensemble de concepts politico-militaires fruit de dix années d'expérience ». Elle fournit aussi à l'UE un inventaire des moyens et capacités disponibles. Fabien Terpan, *La politique européenne de sécurité et de défense*, op.cit., p. 49.

[2] Action commune du 16 juillet 2001.

[3] «The Year 1999 which may in time be seen as Common Foreign and Security Policy's annus mirabilis, changed CFSP almost beyond recognition, introduced new concepts such as the Common European Security and Defence policy and undid Gordian Knots such as those surrounding the merger of the WEU and EU, with apparent ease». Laursen Finn, *The Amsterdam Treaty : National Preference Formation interstate Bargaining and Outcome*, Odense university Studies in History and Social Sciences, 2005.

[4] René Schwok et Frédéric Merand, *L'Union européenne et la sécurité internationale. Théories et pratiques*, Académia Bruylant, op.cit., p. 31.

poste, est, à ce moment-là, l'évolution de la position britannique. Les Etats membres confient explicitement à Javier Solana la mission de développer la PESD.

Deux conclusions peuvent être tirées : la première est que, rétrospectivement, Solana va s'appuyer sur cette demande des Etats membres pour développer son champ d'action en matière de PESD, peut-être d'ailleurs en allant au-delà de la volonté initiale des Etats membres. Il va, en tout cas, accompagner un développement dont l'ampleur n'avait pas été envisagée par ces mêmes Etats. En même temps, Solana n'a fait que répondre à une demande expresse de la part des Etats membres. S'il a accompagné le développement de la PESD, notamment, en favorisant l'émergence d'une architecture politico-militaire au sein du Conseil, il n'en n'est pas à l'initiative. En ce sens, « le Haut représentant pour la PESC est un moteur puissant pour dynamiser l'ensemble du système », comme le souligne Emmanuel Decaux si tant est qu'il bénéficie d'un soutien unanime de la part Etats membres[1].

---

[1] « Le processus de décision de la PESC. Vers une politique étrangère européenne ? », Cannizzaro Enzo, *The EU as an actor in international relations*, Aspen Publishers, 2002, op.cit., p. 20.

Chapitre 2
Un diplomate sans réseau diplomatique propre

Faiblement doté en ressources administratives et financières, dépourvu de réseau diplomatique, le Haut représentant, secrétaire général du Conseil, peut recourir aux instruments diplomatiques classiques, qui sont aussi les instruments de base pour mener une politique étrangère : déclarations, visites et rencontres au sommet, participation à des conférences internationales[1]. Mais la diplomatie classique se heurte vite aux limites des prises de position à 27, qui reposent bien souvent sur le plus petit dénominateur commun. C'est en investissant le terrain de la gestion des crises que le Haut représentant va se dessiner progressivement un espace d'action.

---

[1] Stéphan Keukeleire, « Au-delà de la PESC. La politique étrangère structurelle de l'UE », *AFRI,* 2001.

1. Le Haut représentant, secrétaire général du Conseil

Le Haut représentant cumule cette fonction avec le poste de secrétaire général du Conseil. L'article 207 TCE prévoit que le Conseil est assisté d'un secrétariat général qui agit comme « une structure gouvernementale de coordination », selon les termes employés par Michel Mangenot[1]. Le Haut représentant va veiller à étendre les compétences du secrétariat pour en faire une structure plus politique.

L'importance du secrétariat général n'a cessé de croître en matière de politique étrangère depuis l'intégration, en 1994, de l'ancien secrétariat de la Coopération politique européenne au sein de la Direction générale E et la création de l'unité PESC en son sein[2].

Une grande partie de sa tâche est de nature logistique et administrative (soutien et conseil à la Présidence, organisation des travaux, rédaction des comptes rendus des groupes de travail, du Comité politique et de sécurité, des réunions ministérielles). Mais le Conseil participe de plus en plus à la prise de décision politique par la formulation d'options. Nous

---

[1] Michel Mangenot, « Une chancellerie du prince. Le Secrétariat du Conseil dans le processus de décision bruxellois », *Politique européenne*, 2003/3, n°11, pp. 123-142.
[2] Non prévu par les Traité de Paris (1952) et de Rome (1957), le Secrétariat du Conseil n'acquiert une reconnaissance juridique qu'avec le Traité de Maastricht. L'unité PESC sera composée de fonctionnaires communautaires et de diplomates nationaux détachés. Elle rédigera les premiers actes législatifs de la PESC : les « Actions communes ». Yves Buchet de Neuilly souligne dans son ouvrage consacré à « L'Europe de la politique étrangère » que, déjà à Maastricht, l'objectif était de renforcer le rôle du Conseil et le poids des Etats dans le processus décisionnel. « En fusionnant le secrétariat CPE avec le Secrétariat général du Conseil et en renforçant ses effectifs et ses compétences de gestion opérationnelle, les négociateurs du Traité entendaient rompre avec l'expansion du pouvoir bureaucratique de la Commission dans le domaine des relations extérieures. (…). Le rôle que la Commission tenait dans le premier pilier devait être dévolu au Secrétariat du Conseil dans le second », op.cit., p. 167.

verrons plus loin que l'Unité de planification de la politique et d'alerte rapide (UPPAR devenue Unité politique) a largement contribué à ce développement.

Michel Mangenot dresse le constat de l'« autonomisation d'un nouveau pôle d'expertise distinct de celui de la Commission européenne[1] ». « Le secrétariat est passé d'un rôle de greffier à celui de conseiller puis d'initiateur, devenant un véritable acteur du policy-making et de la gouvernance externe de l'Union[2] ».

Une tendance confirmée par Giovanni Grevi pour qui le Conseil s'est dessiné un rôle important en matière de PESC : le Comité politique et de sécurité (COPS) et les groupes de travail s'appuient souvent sur les *policy papers* du Conseil[3].

La montée en puissance du Conseil en un organe moins administratif, et plus politique, n'est pas sans lien avec la désignation du Haut représentant à sa tête. Un fonctionnaire du Quai d'Orsay affirme que « les sollicitations pressantes et immédiates du nouveau Haut représentant ont très rapidement modifié la répartition du pouvoir d'intervention dans les processus décisionnels. Le secrétariat est sorti de son rôle, de sa mentalité très routinière et très administrative[4] ».

En quelque sorte, le Haut représentant a permis de libérer la parole des fonctionnaires, de leur donner une légitimité, une assise plus forte.

Pour Philippe Setton et Jean-Pierre Dumond, « le secrétariat du Conseil a acquis un rôle irremplaçable. Cette évolution s'est réalisée en dehors de toute modification des textes, et sans

---

[1] Michel Mangenot, « Une chancellerie du prince. Le Secrétariat du Conseil dans le processus de décision bruxellois », op.cit.
[2] Michel Mangenot, « Le Secrétariat du Conseil, acteur de la politique extérieure de l'Union européenne. De la coordination des relations économiques extérieures à la conduite d'une diplomatie politique et de sécurité », Journées d'études du Groupe Europe. AFSP, IEP Strasbourg, 29 mai 2002.
[3] Giovanni Grevi, «Pioneering foreign policy. The EU Special representatives », n°106, octobre 2007, op.cit., p. 32.
[4] Yves Buchet de Neuilly, *L'Europe de la politique étrangère*, op.cit., p. 162.

même que les observateurs extérieurs y prennent garde. On est loin aujourd'hui des débats théologiques sur l'opportunité de reconnaître ou non une autonomie ou un droit d'initiative au Secrétariat général du Conseil. De par son importance croissante dans l'élaboration concrète de la politique étrangère commune, il a d'ores et déjà acquis, dans la pratique, ce droit d'initiative[1] ». Les fonctionnaires du secrétariat n'hésitent pas à présenter des papiers qui vont au-delà des positions des capitales[2].

L'expertise, la maîtrise des procédures en font un appui de poids pour les présidences. Le secrétariat a également l'avantage de maîtriser les procédures ; ce qui lui ouvre une fenêtre d'opportunité certaine. « Le Haut représentant ne supplante pas le président du Conseil, mais la stabilité de sa fonction lui donne une influence notable sur les présidences semestrielles rotatives », relève Christian Franck[3]. Un fonctionnaire du Conseil témoigne : « si la présidence était intéressée, nous refaisions complètement les propositions de la Commission et nous les donnions à la présidence future pour relancer les travaux sur une base saine[4] ».

L'autonomisation du Conseil est, certes, relative en atteste la mise à l'écart du secrétariat lors du lancement de certaines opérations de gestion de crise[5]. Ce mouvement ne se fait pas

---

[1] Jean-Michel Dumond et Philippe Setton, op.cit. p. 42.
[2] Pierre Gillon, diplomate belge, « Repenser la diplomatie nationale dans le cadre de la PESC-PESD. De la stratégie de souveraineté à la stratégie d'influence », Master en administration publique, février 2005, ENA.
[3] Christian Franck, « L'émergence d'un acteur global : expansion géographique et renforcement institutionnel de l'action extérieure de l'Union européenne », *Politique européenne*, n°22, mars 2007.
[4] Michel Mangenot, « Le Secrétariat du Conseil, acteur de la politique extérieure de l'Union européenne. De la coordination des relations économiques extérieures à la conduite d'une diplomatie politique et de sécurité », Journées d'études du Groupe Europe. AFSP, IEP Strasbourg, 29 mai 2002.
[5] Muriel Asseburg et Ronja Kempin, *The EU as a Strategic Actor in the Realm of Security and Defence ? A Systematic Assessment of ESDP Missions and Operations*, SWP Research Paper, Berlin, décembre 2009.

sans tensions avec les bureaucraties nationales soucieuses de garder leurs prérogatives.

Dans leur étude consacrée aux *Acteurs et réseaux de la PESD*, Jean-Pierre Maulny et Bastien Nivet rapportent les propos d'un ancien membre de la mission militaire française à Bruxelles : « Il existe des problèmes de relations avec la technostructure (Solana et les institutions du Conseil). Les négociateurs étaient convaincus que les Etats devaient être les décideurs, les proposeurs[1] ».

Au sein du Conseil lui-même, il peut y avoir des dynamiques opposées dans la mesure où les agents regroupent à la fois des fonctionnaires européens et des diplomates ou personnels détachés des Etats membres. Cela fait d'ailleurs partie de la stratégie des Etats de placer leurs agents à des postes clefs.

---

[1] Jean-Pierre Maulny et Bastien Nivet, *Les acteurs et réseaux de la politique européenne de sécurité et de défense*, Centre d'études en Sciences sociales de la défense », 2008, p. 38.

2. Les outils à disposition du Haut représentant

« Quand Solana est arrivé, il n'y avait rien, même pas un service du protocole. Solana n'avait pas de statut diplomatique », raconte un fonctionnaire du Conseil[1].

Au contraire de la Commission européenne qui peut s'appuyer sur ses délégations pour obtenir des informations du terrain, le Haut représentant pour la PESC ne disposait pas de réseau diplomatique propre[2].

Globalement, le Haut représentant pour la PESC a été nommé à la tête d'une administration qui n'était pas conçue pour conduire une politique étrangère. Pour alimenter sa réflexion politique et diplomatique, Solana va s'appuyer sur des structures nouvelles comme l'unité politique[3].

L'Unité politique

L'Unité politique, auparavant désignée sous les termes d'unité de planification de la politique et d'alerte rapide (UPPAR), est une innovation du Traité d'Amsterdam. Elle apparaît dans une déclaration annexée[4]. L'idée avait été lancée par Michel Rocard, dans un rapport au Parlement européen, en mars 1995[5] avec l'ambition de faire émerger « un embryon de

---

[1] Entretien avec Alan Pluckers du Secrétariat général, le 9 octobre 2009.
[2] Le Secrétariat a un bureau de liaison à New York auprès de l'ONU, ouvert en 1994, qui est chargé de coordonner les positions des Etats membres aux Nations Unies. Le Haut représentant représente formellement l'Union européenne au Conseil de sécurité de l'ONU sur demande des États membres qui y siègent. Solana a participé comme nous le verrons aux réunions du Quartet sur le processus de paix au Moyen-orient. Il est le négociateur des six sur le dossier iranien.
[3] Soulignons que Javier Solana dispose d'un cabinet composé de proches collaborateurs qui apportent conseils et appui au Haut représentant.
[4] Sa mise en place a donc pu se faire sans attendre la ratification du Traité par les Etats membres.
[5] Jean-Michel Dumond et Philippe Setton, op.cit., p. 44.

représentation commune du monde[1] ». Sa création a été rapidement acquise, mais les débats ont porté sur sa place dans l'organigramme. L'Unité politique est finalement placée sous la responsabilité du Haut représentant. Elle jouera rapidement le rôle « d'un cabinet gris assurant l'assistance directe du Haut représentant[2] ».

Le Haut représentant et le Comité politique et de sécurité (COPS) sollicitent l'expertise de l'Unité politique via les papiers d'options politiques *policy options papers*, considérés comme des sources précieuses d'aide à la décision à tel point que Christoph O.Meyer peut considérer l'Unité politique comme « la locomotive de la PESD [3] ». L'ancienne directrice de l'Institut d'études de sécurité (IES), Nicole Gnesotto la compare « à un mini-COPS de rang inférieur [4] ».

Le mandat de ses membres (provenant des Etats membres, de la Commission européenne, du Conseil, de l'UEO) est d'ailleurs aligné sur celui de Javier Solana, cinq ans.

Organisée en *task force*, l'Unité politique a notamment pour mission :

- de surveiller et d'analyser les développements intervenant dans les domaines qui relèvent de la PESC.

- de fournir des évaluations des intérêts de l'Union en matière de politique étrangère et de sécurité et de recenser les domaines auxquels la PESC pourrait s'attacher principalement à l'avenir.

- de fournir en temps utile des évaluations, et de donner rapidement l'alerte en cas d'événements ou de situations susceptibles d'avoir des répercussions importantes pour la

---

[1] Eric Remacle, « La politique étrangère de l'Union au-delà de la PESC » in *De Maastricht à Amsterdam*, (dir. Mario Telo et Paul Magnette), p. 192.
[2] Entretien téléphonique avec Michel Mangenot, le 3 novembre 2009.
[3] « The Policy Unit has increased substantially in terms of staffing and developed in many ways into and analytical and ideational powerhouse of the ESDP process », *The Quest for a European Strategic culture. Changing Norms on Security and Defence in the EU*, p. 114 .
[4] Entretien, le 29 septembre 2009.

politique étrangère et de sécurité de l'Union, y compris les crises politiques potentielles.

- d'établir, à la demande du Conseil ou de la présidence, ou de sa propre initiative, des documents présentant, d'une manière argumentée, des options concernant la politique à suivre et de les soumettre, sous la responsabilité de la présidence, comme contribution à la définition de la politique au sein du Conseil[1].

« Lieu de synthèse de l'information diplomatique » pour le diplomate Pierre Gillon, l'Unité politique se considère comme un relais des sensibilités des Etats membres, dont elle a la confiance. Elle fonctionne en étroite liaison avec les Etats membres, et permet d'assurer un flux d'information dans les deux sens[2]. Il semble que ce lien est rassurant pour les Etats membres soucieux de maîtriser le degré d'autonomie du Conseil.

L'Institut d'études de sécurité

À rapprocher de l'Unité politique, *l'Institut d'études de sécurité* (IES). Créé, en 2002, sur les fondements de l'Institut d'études de sécurité de l'UEO, l'IES doit contribuer au développement de la PESC[3]. L'Institut, qui réunit des universitaires, des fonctionnaires, des experts et des décideurs des Etats membres, formule « des recommandations nécessaires à l'élaboration des politiques de l'UE » à l'intention du Conseil de l'UE et du Haut représentant pour la PESC. Il est doté d'un statut autonome et « jouit de l'indépendance intellectuelle ». Il peut « formuler des critiques constructives sur la politique européenne actuelle de sécurité et de défense de l'Union européenne (PESD)[4] ». C'est, sous son égide, que les réflexions autour de la Stratégie européenne de sécurité en 2003 ont été

---

[1] Déclaration n°6 annexée à l'acte final du traité d'Amsterdam relative à la création d'une Unité de planification de la politique et d'alerte rapide (UPPAR).
[2] « Repenser la diplomatie nationale dans le cadre de la PESC-PESD. De la stratégie de souveraineté à la stratégie d'influence », Master en Administration publique, Cycle International long, ENA.
[3] Action commune du Conseil du 20 juillet 2001.
[4] http://europa.eu/agencies/security_agencies/eusc/index_fr.htm

conduites. L'IES est un acteur important dans le débat sur la PESD.

Le SITCEN

Créé en 2003, *le Centre de situation conjoint (SITCEN)* assure l'alerte précoce, le suivi et l'évaluation de la situation, et sert de point de contact opérationnel en permanence. Il collecte des informations et des renseignements à partir de sources confidentielles ou ouvertes transmises par les Etats membres. Il prépare des briefings et des rapports à l'intention du Comité politique et de sécurité (COPS) et du secrétaire général/Haut représentant pour la PESC en particulier. Il apporte un appui logistique aux cellules de gestion des crises.

Les représentants spéciaux

Les représentants spéciaux assistent également le Haut représentant dans son action. « Les représentants spéciaux de l'UE répercutent l'influence de l'UE dans différentes régions touchées par des conflits », peut-on lire dans le « Rapport sur la mise en œuvre de la Stratégie européenne de sécurité », adopté le 11 décembre 2008[1].

Les représentants spéciaux sont en effet « chargés de développer et de contribuer à mettre en œuvre les objectifs de l'Union en matière de politique étrangère à travers le monde ». Ils sont nommés par le Conseil, à la majorité qualifiée, pour traiter de questions politiques spécifiques. Leur existence est formalisée dans le Traité d'Amsterdam sous l'article 18 : « le Conseil peut, chaque fois qu'il l'estime nécessaire, nommer un Représentant spécial auquel est conféré un mandat en liaison avec des questions politiques particulières ».

La pratique des représentants spéciaux lui est cependant antérieure. Elle a été inaugurée au moment de la Conférence internationale sur l'ex-Yougoslavie[2]. Le Conseil a multiplié la

---

[1] http://www.consilium.europa.eu/ueDocs/cms_Data/docs/pressData/fr/reports/104632.pdf
[2] Jean-Michel Dumond et Philippe Setton, *La Politique étrangère et de sécurité commune*, op.cit., p. 38.

désignation des représentants spéciaux qui sont généralement des personnalités jouissant d'une grande autorité. Aujourd'hui, onze Représentants spéciaux sont actuellement en fonction. « C'est un outil de politique étrangère important », estime Giovanni Grevi[1].

Avec la nomination de Javier Solana, les représentants spéciaux ont trouvé un interlocuteur[2]. Ils agissent sous la responsabilité du Haut représentant. L'ultime option pour un représentant spécial face à de sérieuses difficultés sur le terrain est de demander l'intervention directe du Haut représentant[3].

Ce qui fait dire à un membre de l'Unité politique : « ce sont des instruments qui, s'ils s'accumulent, vont contribuer à établir un pouvoir du Haut représentant. Cela fonde de manière

---

[1] « Pioneering foreign policy. The EU Special representatives », *Cahier de Chaillot,* n°106, octobre 2007, p. 10. Pour obtenir la liste des Représentants spéciaux depuis 1996, consulter le site ena.lu :
http://www.ena.lu/representants_speciaux_union_europeenne_1996-1-25765.pdf
ainsi que le site du Conseil de l'UE :
http://www.consilium.europa.eu/showPage.aspx?id=263&lang=FR

[2] Giovanni Grevi explique que les premiers Représentants spéciaux agissaient dans un certain vide institutionnel que la création de la fonction de Haut représentant a permis de combler. « The function of the EU Special Representatives (EUSR) developed in a rather ad hoc fashion over the years responding to emerging crises. When the first EU Special Envoys were created in the mid 1990s, the position of the SG/HR has not been established yet, which made it much harder for EUSR's to fit into the Council Secretariat and provide constructive input into policy-making. In other words, the EUSRs operated in a relative institutionnal void. The considerable build-up that has taken place since 1999 has set the stage for EUSRs to operate more effectively. Growing crisis management expertise in the Council bodies and fledging European strategic culture provided for a favourable environnement to receive and process the EUSR's input », op.cit., p. 35.

[3] Giovanni Grevi, « Special representatives rely on what could be best defined as the « S » option, or the possibility to trigger a diplomatic escalation by directly involving the High representative Solana when facewith serious difficulties », op.cit., p. 43.

objective ce pouvoir. Alors, il sera plus facile de résister aux Etats membres[1] ».

Il faut cependant nuancer ce constat. Les Etats membres contrôlent les nominations des envoyés spéciaux. La procédure prévoit, en effet, que les candidats sont interviewés par des représentants de la présidence, de l'unité politique et plus largement du secrétariat du Conseil et du Haut représentant. Ce dernier propose une candidature au COPS qui a le dernier mot. C'est ensuite que le Conseil nomme le représentant spécial. Nicole Gnesotto, ancienne directrice de l'Institut d'études de sécurité, affirme d'ailleurs que les Etats membres tentent de contrôler les Représentants spéciaux[2].

Les représentants spéciaux interviennent généralement dans un contexte de crise (prévention, gestion de crise, résolution de conflit) ou sont appelés pour gérer une période de transition politique. Ils jouent aussi souvent un rôle diplomatique et politique. C'est le cas, en particulier, dans les Balkans. Il est fréquent désormais de nommer des représentants spéciaux pour une région clef (par exemple, Caucase, Asie centrale) plutôt que les mandater pour un pays en particulier.

Le réseau des représentants spéciaux, ainsi que leur mandat, s'est étoffé avec la montée en puissance de la PESD[3]. Javier Solana avait souhaité, en 2006, organiser davantage les relations avec les représentants spéciaux en mettant en place au sein du Conseil un comité de management impliquant l'ensemble des services concernés (le Cabinet, la DGE, l'unité politique, le Centre de situation, le service de presse et la DGA pour les affaires administratives). Finalement, deux hauts fonctionnaires ont été désignés comme point de contact pour les représentants

---

[1] Yves Buchet de Neuilly, «L'irrésistible ascension du Haut représentant pour la PESC: une solution institutionnelle dans une pluralité d'espaces d'action européens», Politique européenne, L'Harmattan, n°8, 2002, p. 212.
[2] Entretien, le 29 septembre 2009.
[3] « The launching of 19 civilian and military missions was accompanied by the rapid expansion of the network of EU special representatives ». Giovanni Grevi., op.cit., p. 29.

spéciaux : le directeur général de la DGE et le directeur de l'unité politique.

Parallèlement, des *task forces* ont été mises en place incluant l'ensemble des fonctionnaires du Conseil, de la Commission et les conseillers du Haut représentant. Depuis 2006 également, les envoyés spéciaux sont davantage impliqués dans la préparation des visites des leaders politiques auprès des institutions à Bruxelles. Ils sont également conviés à y participer, ce qui n'était pas d'usage initialement.

L'objectif majeur des réformes successives a été de renforcer la coordination sur le terrain entre les différents acteurs. Cet impératif a aussi conduit à la pratique de la double-représentation *double hatting* : le représentant spécial est nommé chef de la délégation de la Commission européenne ou inversement[1]. Cette formule a l'avantage de doter le représentant, en plus de son mandat politique et du soutien des Etats membres, de ressources communautaires non négligeables ainsi qu'une certaine visibilité.

Lorsque l'UE déploie des opérations de gestion de crise, les représentants spéciaux qui sont les interlocuteurs directs du Haut représentant jouent un rôle important. « Ils fournissent des directives aux chefs des missions civiles et des avis politiques aux chefs des opérations militaires. Quand les opérations PESD sont sur le terrain, les représentants spéciaux sont la première interface à laquelle les autorités locales s'adressent pour profiler les opérations[2].

---

[1] Cette pratique a été inaugurée en Ancienne République Yougoslave de Macédoine (ARYM). L'UE a également nommé un seul représentant à Addis Abeba (Ethiopie). L'UE a récemment décidé de « travailler à la mise en place d'une seule représentation à Kaboul ». « In order to better align and coordinate Community and Member States efforts, the EU will work towards one single EU representation in Kabul, double-hatting the roles of the EUSR and the Head of the European Commission Delegation ».
http://www.eu-un.europa.eu/articles/fr/article_9152_fr.htm
[2] « They provide political guidance to the heads of civilian mission and political advice to the heads of military one. When ESDP operations are on the ground, EUSRs are the primary interface with local authorities to address the political profiles of the missions' tasks ». G.Grevi, op.cit., p. 42.

Les représentants spéciaux préparent le terrain. Ils tentent de rendre plus favorable l'environnement politique pour le déploiement des opérations, dont le succès dépend aussi de l'engagement politique, de l'appropriation par les autorités locales. Ils travaillent aussi de concert avec l'ONU, l'OSCE, OTAN et, à ce titre, contribuent au « multilatéralisme efficace » qui figure parmi les objectifs de la Stratégie européenne de sécurité (SES). Dans la pratique, les représentants spéciaux ne sont pas assez impliqués dans la définition des mandats d'une mission PESD alors même qu'ils sont les plus proches du terrain[1].

Les représentants personnels

Le Haut Représentant a également nommé *plusieurs représentants personnels* chargés de questions spécifiques qui dénotent l'intérêt du Haut représentant pour telle ou telle question. Leur nomination n'engage que le Haut représentant/Secrétaire général.

- Annalisa Giannella, nommée le 10 octobre 2003, traite des questions liées à la non-prolifération.

- Riina Kionka, nommée le 29 Janvier 2007, s'occupe des droits de l'homme.

- Michael Matthiessen, également nommé le 29 Janvier 2007, est le représentant spécial de Solana pour les Affaires parlementaires.

- Le général Pierre-Michel Joana a été désigné pour gérer les questions relatives aux capacités africaines de maintien de la paix. Solana a étoffé sa mission, en juillet 2009, puisqu'il coordonne également les dossiers liés à la Somalie.

- Nommé le 23 décembre 2008, Steven Everts occupe les fonctions de Représentant spécial sur les sujets liés à l'énergie et à la politique étrangère.

---

[1] Muriel Asseburg et Ronja Kempin, *«The EU as a Strategic Actor in the Realm of Security and Defence ?*, SWP Research Paper, décembre 2009, p. 153.

- Peter Sorensen est le représentant spécial de Solana, à Belgrade, depuis le 23 février 2009[1].

Les représentants personnels ont une mission qui se rapproche de celle de conseiller spécial. L'impact de leur mission est difficile à évaluer.

La DGE du Conseil

Cette cartographie doit également mentionner le rôle de la *DGE du Conseil de l'UE* (relations économiques extérieures, Politique étrangère et de sécurité commune), dont deux directions sont compétentes en matière de PESD : la Direction gestion civile des crises et la Direction VIII sur les questions de défense.

La question des outils amène naturellement à évoquer le budget. Le Haut représentant est doté d'un budget croissant, mais modeste. La PESC, financée par la rubrique « action extérieure » du budget communautaire, atteint pour la période de programmation 2007-2013 : 74 milliards d'euros, soit 250 millions d'euros par an environ (contre 102 millions en 2006, 62 millions en 2004 et 2005, 46 millions en 2003). Ces ressources permettent de financer le fonctionnement des organismes PESC, ainsi que des opérations de gestion de crises civiles et la non-prolifération, à l'exception des opérations ayant des implications militaires qui sont financées par les Etats membres via le mécanisme ATHENA, mis en place en 2004[2].

En définitive, les initiatives du Haut représentant dépendent très largement du soutien logistique et financier apporté par les Etats membres[3]. C'est une question majeure compte tenu des

---

[1] Miroslav Lajcák était le représentant spécial de Javier Solana depuis le 16 décembre 2005. Sa mission était de faciliter les négociations entre les forces politiques du Montenegro au sujet du referendum.
Source : http://www.consilium.europa.eu/showPage.aspx?id=942&lang=FR
[2] La répartition des coûts communs se fait selon une clé PNB fixée à chaque Etat. Décision 2004/197/PESC du 23 février 2004
[3] Les distinguos opérés au sein de la rubrique « action extérieure » illustrent les problèmes de coordination des politiques et une difficulté à entrevoir les problématiques sécuritaires de manière globale. En effet, le Haut représentant ne cantonne pas son action au deuxième pilier. Il intervient parfois aussi sur

difficultés rencontrées par le Haut représentant pour mobiliser des ressources en vue d'une opération de gestion de crise comme nous le verrons dans une seconde partie.

L'OTAN

Enfin, mentionnons le rôle indirect de **l'OTAN** qui, sans être un acteur de la PESD à proprement parler, en conditionne largement les orientations. « Les ambitions politiques, militaires et stratégiques de la PESD demeurent avant tout largement influencées par ce que se fait ou ne se fait pas au sein de l'OTAN », affirment Bastien Nivet et Jean-Pierre Maulny dans leur étude consacrée aux acteurs et aux réseaux de la PESD[1].

Les structures mêmes de la PESD sont inspirées de l'OTAN (le rapprochement est souvent fait par exemple entre le COPS et le Conseil de l'Atlantique Nord) et, de fait, s'opère une certaine division des tâches entre les deux structures. Lors du lancement d'une opération de gestion de crise, l'UE peut recourir aux moyens de l'OTAN. Une des premières opérations de gestion de crise de l'Union européenne, CONCORDIA, en Macédoine, vise à relayer l'OTAN, et bénéficie des accords de Berlin plus (permettant à l'UE de bénéficier des capacités de l'OTAN) ; accords négociés par Javier Solana[2].

---

des questions liées à la politique européenne de voisinage qui fait partie du premier pilier et qui obéit à un mécanisme de financement différent.
Commissaire-commandant Gaël Dettwiler, « Le budget communautaire est-il adapté aux enjeux de puissance de l'Union européenne ? », novembre 2007, *Diploweb.com*

[1] Bastien Nivet et Jean-Pierre Maulny, *Les acteurs et réseaux de la PESD*, Centre d'études en Sciences sociales de la défense, 2008, p. 71.
[2] Voir deuxième partie de l'ouvrage.

3. Le développement de la structure politico-militaire

La guerre en Yougoslavie avait démontré l'incapacité de l'Union européenne à peser sur l'issue du conflit. La crise au Kosovo, qui éclate à partir du printemps 1998, ne fera que confirmer ces difficultés. L'Union européenne est écartée au profit de l'OTAN après l'échec des pourparlers diplomatiques[1].

L'UE dresse le constat de sa dépendance militaire vis-à-vis des Etats-Unis. Parallèlement, la position américaine en ce qui concerne le renforcement européen en matière de sécurité et de défense évolue. « Washington apprécie la volonté de l'UE de renforcer ses capacités militaires ainsi que sa propension à mener de plus en plus de missions de paix dans le monde[2] ».

Tout en craignant le développement de la défense européenne au détriment de l'OTAN, Anand Menon reconnaît la nécessité pour les Européens d'être capable d'en faire plus dans le domaine de la sécurité. « Cela réduira le fardeau américain » et, par ailleurs, « il y a des domaines dans lesquels les Européens peuvent être plus efficaces que les Etats-Unis[3] ». Mais il s'agit tout de même de rassurer les Américains en leur démontrant l'intérêt d'une Europe de la défense.

---

[1] La Conférence de Rambouillet a lieu en février 1999 et la Conférence de Paris en mars 1999. L'UE joue un rôle avant tout économique dans les processus de reconstruction et comme pôle stabilisateur via le processus de stabilisation et d'association. *Gestion de crise, maintien et consolidation de la paix*, Thierry Tardy, De Boeck, oop.cit., p. 96.

[2] Rappelons cependant les précautions initiales des Américains. Madeleine Albright, secrétaire d'Etat formule les « trois D » : pas de diminution de l'OTAN, pas de discrimination à l'encontre des alliés non membres de l'UE, pas de doubles emplois inutiles.

[3] « There is a genuine need for Europeans to be able to do more for themselves in the security sphere (…). There are areas in which Europeans can be more effective and can act more decisively than the US, witness the Balkan conflicts ». « Playing with Fire: the EUs defence policy », *Politique européenne*, 2002, n°8.

L'ancien ministre français de la Défense déclare, en février 2001, dans un discours : « Nos alliés américains doivent pouvoir se prononcer sur leur participation à la gestion d'une crise sans être contraints par l'impotence européenne à assumer, seuls, le choix de l'action ou de l'abstention[1] ».

Avec l'intégration des missions de Petersberg dans le Traité d'Amsterdam, l'UE se dessine un rôle en matière de gestion de crises. Définies par les ministres des Affaires étrangères et de la Défense des pays membres de l'UEO, réunis le 19 juin 1992 près de Bonn, ces missions recouvrent des missions humanitaires et d'évacuation, des missions de maintien de la paix et des missions de force de combat pour la gestion des crises, y compris les missions de rétablissement de la paix[2]. À Amsterdam, les Etats membres ne vont cependant pas jusqu'à intégrer l'UEO dans l'UE.

Un élan décisif est donné par les Français et Britanniques à Saint-Malo, en décembre 1998. Jacques Chirac et Tony Blair affirment le souhait de voir l'UE « jouer tout son rôle sur la scène internationale » et expriment leur volonté de doter l'UE « d'une capacité autonome d'action, appuyée sur des forces militaires crédibles avec les moyens de les utiliser et en étant prête à le faire afin de répondre aux crises internationales[3] ».

Comme le déclare Tony Blair à Saint-Malo : « Nous, Européens, ne devons pas toujours compter sur les Etats-Unis en cas de troubles dans notre arrière cours. Les Européens doivent être capables d'assumer leur sécurité, et nous serons plus efficaces ensemble que si chaque pays agissait seul[4] ».

Pour l'Europe, il s'agissait alors de garantir sa présence dans les Balkans, être en mesure de se déployer plus loin vers l'Est et

---

[1] Alain Richard cité par Fabien Terpan, *La politique étrangère et de sécurité commune de l'UE*, Bruylant, Bruxelles, 2003, p. 261.
[2] L'intégration des missions de Petersberg est une proposition finno-suédoise (printemps 1996).
[3] Déclaration franco-britannique sur la défense européenne, Saint-Malo, 4 décembre 1998.
[4] Propos rapportés par Seth Jones, *The rise of European security cooperation*, op.cit., p 213.

vers la zone méditerranéenne, pouvoir augmenter sa contribution aux missions onusiennes de maintien de la paix dans le reste du monde[1].

Saint-Malo représente un réel tournant car les Britanniques acceptent que l'UE puisse jouer un rôle en matière de sécurité en complément de l'OTAN[2]. Suivra le Conseil européen de Cologne (juin 1999) où les 15 adoptent une « Déclaration concernant le renforcement de la Politique européenne commune en matière de sécurité et de défense », sur la base d'un rapport présenté par la présidence allemande. « C'était avant tout l'expérience de la Bosnie et du Kosovo qui nous a amené à adopter, durant la Présidence allemande, un plan pour le développement d'une politique européenne de sécurité et de défense autonome », explique l'ancien chancellier allemand, Gerhard Schröder[3].

En décembre 1999, le Conseil européen d'Helsinki définit un objectif global, « Headline goal », établi à l'aune des besoins de la force de l'OTAN au Kosovo : être en mesure de déployer sur un théâtre d'opérations, dans un délai de 60 jours et pour une durée d'au moins une année, une force d'environ 60 000 hommes appuyée par des forces aériennes et navales et capable d'effectuer les missions de Petersberg[4].

---

[1] Sven Biscop, « Vers l'intégration militaire en Europe, in B.Adam, *Europe, puissance tranquille* op.cit., p. 127.
[2] Les Britanniques craignent que l'Europe se substitue à l'OTAN. La position américaine évolue cependant et lors du Sommet de Washington des 23 au 25 avril 1999, les chefs d'Etat et de gouvernement des pays membres de l'Alliance atlantique se félicitent du nouvel élan donné au processus lancé par l'UE.
[3] Propos rapportés par Seth Jones, *The rise of European Security Cooperation*, op.cit., p. 210.
[4] Les premières expériences de gestion de crise mettront en lumière les besoins en matière de projection de troupes et de soutien logistique (voir partie II). L'objectif global 1999 sera révisé par le *Headline Goal 2010*. Entre-temps, une conférence d'engagement des capacités s'est tenue en 2000 suivie, en novembre 2001, par une conférence d'amélioration des capacités. Il apparaît très vite nécessaire de disposer de forces de réaction rapides hautement spécialisées et très mobiles qui sont déjà envisagées dans la Stratégie européenne de sécurité (2003). Apparaît alors le concept de groupements

En juin 2000, le Conseil européen de Feira aborde le volet civil des opérations de gestion des crises et définit quatre objectifs prioritaires : police, renforcement de l'état de droit, renforcement de l'administration et protection civile[1]. L'enjeu pour l'UE est de coordonner les volets civils et militaires.

Solana soumet aux chefs d'Etat réunis, à Nice, du 7 au 10 décembre 2000, un document dans lequel il souligne l'importance pour l'UE « de disposer de l'éventail complet des instruments nécessaires à une approche globale de la gestion de crise». Il suggère de :

- développer une approche européenne cohérente de la gestion de crise et de la prévention des conflits
- assurer la synergie entre les aspects civils et militaires
- couvrir l'ensemble du spectre des missions de Petersberg[2].

Comme l'affirme Javier Solana, « face aux crises, la spécificité de l'Union réside dans sa capacité à mobiliser une vaste gamme de moyens et d'instruments tant civils que militaires lui donnant ainsi une capacité globale de gestion des crises et de prévention des conflits au service de la Politique étrangère et de sécurité commune[3] ».

---

tactiques, *battle groups*. Il s'agit de mettre à la disposition de la PESD une série de forces composées chacune de 1500 hommes pouvant être déployées dans un délai de 15 jours dans des zones lointaines et particulièrement difficiles. Cf notre partie II sur les opérations de gestion de crise.

[1] Par une décision du 22 mai 2000, le Conseil établit un Comité chargé de la gestion civile des crises. Le CIVCOM doit donner des informations et formuler des recommandations sur les aspects civils de la gestion des crises à l'intention du Conseil. Ce comité est un organe purement technique. Constatant que l'Etat-major militaire n'avait pas d'équivalent civil, les Etats membres se sont accordés, en 2007, pour doter la PESD d'une Capacité civile de planification et de conduite (CPCC).

[2] Références: doc. 13957/1/00 REV 1 + COR 1

[3] Passage cité par Emmanuel Decaux, « Le processus de décision de la PESC : Vers une politique étrangère européenne ?», in Cannizzaro Enzo, *The EU as and Actor in International Relations*, Kluwer Law International, op.cit., p. 26.

Les conclusions du Conseil européen reconnaissent l'apport du document de Solana, qui a été « pris en note avec intérêt ». Les conclusions du Conseil européen relèvent également que « dans ce dispositif de gestion de crise, le COPS a un rôle central à jouer dans la définition et le suivi de la réponse de l'UE à une crise. Le secrétaire général/Haut Représentant, qui peut présider le COPS, joue un rôle important d'impulsion. Il contribue également à l'efficacité et à la visibilité de l'action et de la politique de l'Union[1] ».

Le document Solana est d'autant plus intéressant à mentionner que c'est le Conseil européen de Nice qui entérine la création de structures politiques et militaires permanentes au sein du Conseil pour permettre à l'UE d'assumer la globalité de la gestion de crise. Elles sont mises en place sans attendre l'entrée en vigueur du Traité. L'UE s'inspire du schéma de fonctionnement de l'UEO mais aussi de l'OTAN[2].

---

[1] Parallèlement, le rapport de la présidence prend soin de préciser qu'en développant une capacité autonome de prendre des décisions, « cela n'implique pas la création d'une armée européenne. L'engagement de moyens nationaux par les Etats membres dans de telles opérations sera fondé sur leurs décisions souveraines. Pour les Etats membres concernés, l'OTAN demeure le fondement de la défense collective de ses membres et continuera à jouer un rôle important dans la gestion des crises. Le développement de la PESD contribue à la vitalité d'un lien transatlantique rénové ». Les conclusions du Conseil européen de Nice des 7, 8, 9 décembre 2000 sont disponibles à l'adresse suivante : http://www.consilium.europa.eu/ueDocs/cms_Data/docs/pressData/fr/ec/00400-r1.%20ann.f0.htm

[2] Fabien Terpan, *La politique étrangère et de sécurité commune de l'UE*, Bruylant, Bruxelles, 2003, op.cit., p. 47.

Le Comité politique et de sécurité (COPS)

Le Comité politique occupe une place centrale en matière de PESC[1]. Défini comme la cheville ouvrière entre la PESC et la PESD, il est un élément clef de la structure institutionnelle de la PESD. Les travaux d'Anna Juncos et Christopher Reynolds ont souligné la capacité d'impulsion du COPS en matière de PESD[2] et son impact sur la définition des intérêts nationaux et des politiques étrangères[3].

Christoph O. Meyer a également mis en évidence le rôle du COPS dans l'émergence d'une culture stratégique commune. « Le COPS a favorisé l'engagement croissant des Etats membres en matière de défense dans un cadre européen ainsi que leur acceptation progressive des nouvelles priorités stratégiques de l'Union européenne[4] ».

Mis en place en mars 2000, le Comité politique et de sécurité intérimaire (COPSI), ainsi qu'a été dénommée la structure transitoire, succède dans les faits au Comité politique qui réunissait, une fois par mois, les directeurs politiques des

---

[1] Pour Jolyon Howorth, sa création traduit la victoire des Etats membres qui tels la France et la Grande-Bretagne souhaitaient conserver la primauté des procédures intergouvernementales au détriment de la communautarisation du second pilier, défendue par l'Allemagne, les Pays-Bas et la Belgique. Jolyon Howorth, « The CESDP and the forging of a European security culture », *Politique européenne*, 2002, n°8.
[2] Anna Juncos et Christopher Reynolds « The Political and Security Committee : Governing in the Shadow », *European Foreign Affairs Review*, n°12, 2007, op.cit.
« Member State representatives sitting in the PSC routinely impact upon the definition of national interests and foreign policies, rather than simply bringing them to the table to be bargained over ». Anna Juncos et Christopher Reynolds « The Political and Security Committee : Governing in the Shadow », *European Foreign Affairs Review*, n°12, 2007.

[4] Christoph O. Meyer, *The Quest for a European Strategic Culture*, op.cit., p. 112.
« The Political and security committee has been capable of increasing members' commitment to defence cooperation within an EU framework and their gradual acceptance of the EU's new strategic priorities of becoming a more active and capable actor in security and defence affaires ».

ministères des Affaires étrangères, dans le cadre de la Coopération politique européenne[1]. Le Comité politique n'ayant pas véritablement réussi à dynamiser la politique étrangère européenne, le COPS, qui devient un organe permanent en janvier 2001, est créé dans l'objectif de « renforcer l'impact de la politique étrangère européenne ».

L'idée d'un comité permanent rassemblant des représentants des Etats membres a été proposée par les Britanniques. Robin Cook, le ministre des Affaires étrangères, aurait suggéré que Solana puisse disposer de représentants des Etats membres à Bruxelles afin d'assurer plus de continuité et d'expertise, mais aussi de renforcer l'emprise des ministères des Affaires étrangères sur la PESC et de garder Solana sous contrôle[2]. Il y avait aussi l'objectif de renforcer le Conseil plutôt que la Commission. Cette proposition a reçu l'assentiment de la France, en particulier, qui y a vu le moyen de « créer une dynamique » et de mettre en place rapidement la PESD. Les Français avaient d'ailleurs proposé la nomination d'un président permanent pour le COPS sur le modèle du NAC-Conseil de l'Atlantique Nord, présidé par le secrétaire général de l'OTAN, mais certains Etats membres ont eu peur d'octroyer autant de pouvoir à Solana au détriment de la présidence du Conseil. Par ailleurs, Solana n'aurait pas eu la possibilité pratique de présider le COPS compte tenu de ses déplacements fréquents[3].

Le COPS suit la situation internationale dans les domaines relevant de la PESC, et contribue à la définition des politiques en émettant des avis à l'intention du Conseil, à la demande de celui-ci ou de sa propre initiative. Le COPS exerce également le

---

[1] Décision du Conseil 2000/143/CFSP.
http://www.consilium.europa.eu/uedocs/cmsUpload/l_02720010130en00010003.pdf
[2] Ana E.Juncos et Christopher Reynolds, « The Political and Security Committee : Governing in the Shadow », *European Foreign Affairs Review*, n°12, 2007.
[3] Cette proposition figurait dans le plan d'action français pour la PESD, présenté à la présidence finlandaise en juillet 1999. Ana E.Juncos et Christopher Reynolds, «The political and Security Committee : Governing in the Shadow », op.cit.

contrôle et la direction stratégique des opérations de gestion de crise.

Il appartient aussi au COPS de préparer les projets de conclusions du CAGRE (Conseil Affaires générales et relations extérieures) pour la partie relations extérieures[1] et de donner des orientations en matière de PESC (avec le soutien de l'Unité politique)[2].

Le COPS est, dans les faits, chargé de générer du consensus sur des documents type conclusions du Conseil, mais aussi de construire du consensus sur les actions concrètes de la PESD, comme le souligne Carsten T.H. Pietsch dans une contribution consacrée au « Rôle, fonction et impact du COPS[3] ».

Le COPS se réunit le mardi et le vendredi. Ce qui, en comparaison de la fréquence des réunions du CAGRE (tous les mois) ou même du Conseil européen (4 fois par ans), lui donne un avantage de poids.

Il est un interlocuteur privilégié du Secrétaire général/Haut représentant qui peut le présider en cas de crise. En pratique, c'est Robert Cooper, proche conseiller de Javier Solana et l'un des principaux artisans de la PESD qui a assisté le plus souvent au COPS avec le directeur de l'unité politique (Christophe Heusgen, Helga Schmid) ou le directeur de la Direction générale "E" du Conseil de l'UE.

---

[1] Ce sont les ministres qui décident au final du lancement d'une opération de gestion de crise en adoptant une action commune.
[2] Nice avait souligné l'importance d'une approche cohérente en matière de gestion des crises. C'est pourquoi il est également rappelé le rôle du Comité des représentants permanents (COREPER) auprès du Conseil (article 207). La division des rôles entre Conseil et Commission se retrouve en effet au niveau des relations entre le Comité politique et de sécurité (COPS) et le COREPER. Les rivalités n'ont pas manqué d'éclore. Pour renforcer la coordination, le président du COPS peut participer aux réunions du COREPER. Par ailleurs, les Conseillers Relations extérieures sont chargés de rendre plus fluides les travaux de la PESC et ceux menés dans d'autres piliers.
[3] Carsten T.H. Pietsch, « The Role, Function and Impact of the Political and Security Committee », Maastricht University, 18-19 juin 2009.

Le Comité reste également en contact étroit avec les Représentants spéciaux et le Comité militaire qui lui donne des avis, assisté de l'Etat-major européen.

Tisser des contacts rapprochés avec l'OTAN est un aspect important de sa mission en raison des liens qui lient UE et OTAN par les accords de Berlin plus[1] et de la nécessaire concertation entre les deux organisations sur les sujets liés à la sécurité. Le COPS entretient des rapports réguliers avec le Conseil de l'Atlantique Nord. Ces échanges ne semblent pourtant pas aller de soi[2]. Les entretiens réalisés par Carsten T.H. Pietsch montrent que les blocages proviennent essentiellement des relations tendues entre l'UE et la Turquie. Nous y reviendrons dans une seconde partie.

Le COPS joue un rôle politique très fort. Concrètement, en cas de crise, le COPS propose au Conseil des options pour contribuer à son règlement, et peut suggérer l'adoption d'une action commune. Si une opération militaire est nécessaire, le COPS, sur la base des avis du Comité militaire, évalue les options militaires stratégiques (chaîne de commandement, concept d'opération, plan d'opération)[3].

Cependant, en dépit des attributions importantes confiées au COPS en cas de crise, la guerre en Irak a montré que cette instance peut très vite être paralysée, voire mise à l'écart, en cas de désaccords majeurs entre les Etats membres. Certains ambassadeurs au COPS ont reçu instruction de garder le sujet de la guerre en Irak à l'écart de l'agenda[4]. Le COPS ne peut pas

---

[1] Conclus le 17 mars 2003, les arrangements de Berlin plus prévoient que l'Union européenne peut bénéficier des capacités de l'OTAN (commandement, planification) pour mener une opération de gestion de crise.
[2] Ibid.
[3] Emmanuel Decaux, « Le processus de décision de la PESC. Vers une politique étrangère européenne ? », op.cit. Nous reviendrons plus précisément dans notre deuxième partie sur les procédures.
[4] Jolyon Howorth, *European Security and Defense Policy*, op.cit., p. 68.

dépasser des obstacles politiques lorsqu'un intérêt national très fort est en jeu[1].

Le souhait émanant des capitales de garder le COPS sous contrôle se lit également dans les débats qui ont agité le COPS, à sa création sur le niveau de représentation qu'il convenait de lui accorder.

Parallèlement, on constate que le COPS développe aussi son propre espace en matière de politique étrangère. Les réflexions autour de la « bruxellisation » mettent en lumière la capacité du COPS à dépasser des divergences entre Etats membres et à construire des références communes[2].

Pour Christophe Meyer, le COPS a réussi à faire émerger des compromis même là où en raison des normes stratégiques nationales, il y aurait eu incompatibilité[3]. En définitive, le COPS a réussi à consolider sa position. Il est davantage un lieu où les ambassadeurs veillent à adopter une attitude constructive de résolution des problèmes plutôt qu'une enceinte de négociation autour de positions rigides émanant de chaque Etat membre. Il est devenu un acteur clé dans le travail quotidien en matière de PESC-PESD.

---

[1] Carsten T.H. Pietsch, « The Role, Function and Impact of the Political and Security Committee », Maastricht University, 18-19 juin 2009. op.cit.
[2] Jolyon Howorth, *European Security and Defense Policy*, op.cit., p. 72.
Cf aussi les travaux de Biava Alessia (Institut européen de l'Université de Genève). L'auteur défend l'idée que le processus de socialisation a « permis le développement de normes, de visions et d'attentes partagées par les acteurs du COPS en ce qui concerne la PESD ». « Vers un processus de socialisation européenne? Le cas du Comité politique et de sécurité ». AFSP 2009. Site internet : http://www.congresafsp2009.fr/
[3] Christoph Meyer, *The Quest for a European Strategic Culture. Changing Norms on Security and Defence in the EU, op.cit.,* pp. 136-137. « The Political and Security Committee has developed into a multiplier of social influence both through informational influence as well as peer pressure. It has managed to manufacture consent and broker compromises even in areas where national strategic norms would initially indicate incompatibility. The main contribution of the PSC and the ESDP structures more broadly is to build confidence among the sceptical actors, especially the UK, that the EU can be an appropriate framework for autonomous security and defence cooperation : a strategic goal that France and Germany had long advocated and succeeded in the form of a first ever European security strategy ».

Le Comité militaire de l'Union européenne (CMUE)

Organe militaire le plus élevé au sein du Conseil, le Comité militaire, mis en place d'abord sur une base intérimaire, puis formellement avec le Traité de Nice, est l'interface entre les responsables politiques et les militaires. Le Comité militaire donne des avis et recommandations au COPS et fournit des directives à l'Etat- major (EMUE). Le CMUE peut se réunir au niveau des chefs d'état-major des armées (CEMA) ou des représentants militaires (Repmil)[1].

Le président du CMUE, dont le mandat est de trois ans, assiste aux sessions du Conseil lorsque des décisions ayant des implications en matière de défense sont prises[2]. Il est également le conseiller militaire de Javier Solana sur toutes les questions militaires.

En cas de crise, le CMUE assume la direction militaire et fournit des directives militaires à l'État-major de l'Union européenne (EMUE).

Concrètement, le Comité militaire sollicite l'avis de l'Etat-major sur les options militaires stratégiques. Sur la base de l'évaluation de l'EMUE, le Comité militaire établit le concept d'opération et le projet de plan d'opération qu'il transmet au COPS.

Le Comité militaire s'est rapidement imposé comme un organe majeur dans le processus de décision. Il délivre, via le COPS, un avis unanime des chefs d'Etat-major au Conseil européen sur toutes les questions ayant une implication

---

[1] Source Europa:
http://europa.eu/legislation_summaries/foreign_and_security_policy/cfsp_and_esdp_implementation/r00007_fr.htm

[2] Le général suédois Hakan Syrén a pris la relève du général français Henri Bentegeat en octobre 2009. Il s'agit généralement d'un officier quatre étoiles, ancien chef d'état-major des armées d'un Etat membre de l'UE. Il est désigné par le Conseil sur recommandation du Comité militaire réuni an niveau des chefs d'état-major des armées.

militaire. L'unanimité est essentielle pour engager des forces européennes dans une opération de gestion de crise militaire[1].

L'Etat-major militaire (EMUE)

Source d'expertise militaire de l'UE, sa mission est de mettre ses compétences militaires au service de la PESD, notamment en ce qui concerne la conduite des opérations militaires de gestion des crises. Composé d'environ 150 officiers, l'Etat-major assure l'évaluation des situations et la planification stratégique. Son rôle est important : c'est l'EMUE qui évalue les options militaires, formule des recommandations sur le commandement et le quartier général des opérations.

Il est dirigé par un directeur, officier trois étoiles. Emmanuel Decaux décrit cette structure comme « une sorte de commandement interallié d'une force européenne à géométrie variable ». L'Etat major ne fonctionne cependant pas comme un quartier opérationnel, mais il est le seul organe militaire à être intégré dans la structure propre du Conseil sous forme de direction générale.

Une cellule civilo-militaire, composée d'une trentaine de personnes, a été mise en place en juin 2005 auprès de l'Etat-major. Cette cellule a essentiellement pour mission d'assurer la liaison entre les organes civils et militaires de l'Union européenne dans le cadre des actions de prévention ou de gestion des crises. Elle a également la capacité de générer un centre d'opération afin de planifier et de conduire une opération autonome lorsqu'une opération requiert une réponse à la fois civile et militaire et qu'aucun quartier général national n'est identifié[2]. Cependant, son renforcement se heurte à l'absence d'accord entre la France, le Royaume-Uni et l'Allemagne[3].

---

[1] Jolyon Howorth, *European Security and Defense Policy*, op.cit., p. 74.
[2] Source Conseil de l'UE
http://europa.eu/legislation_summaries/foreign_and_security_policy/cfsp_and_esdp_implementation/r00006_fr.htm
[3] Jean-Sylvestre Mongrenier, « L'improbable défense européenne », *Hérodote*, 2008/1.

La présence d'uniformes au sein du Conseil, « structure civile » par nature, dans le bâtiment Justus Lupsius, en face du Berlaymont, a suscité des réactions diverses, illustrant la difficulté pour l'UE de s'envisager comme un acteur potentiellement militaire. Les structures militaires ont déménagé dans une rue adjacente : rue Cortenberg en 2002 sous le prétexte avancé par Solana que le Justus Lipsius était peu fiable d'un point de vue sécurité[1].

D'autres structures, telle l'Agence européenne de défense, sont venues s'ajouter à l'architecture initiale.

L'Agence européenne de défense (AED)

Dans une tribune publiée dans le journal Le Monde, Hervé Morin, ministre français de la Défense et Javier Solana écrivent[2] :

« Nous voulons fixer une véritable ambition européenne en matière de projection des forces. L'objectif est connu : être en mesure de déployer nos soldats européens sur des théâtres d'opérations qui peuvent être proches de nos frontières, comme c'est le cas dans les Balkans, ou sur d'autres continents, comme pour notre opération au Tchad-République centrafricaine. Pour être mieux capable d'y parvenir, nos armées doivent travailler ensemble en amont, ce qui nécessite le renforcement de notre coopération en matière de formation, d'entraînement mais aussi d'équipements. (…) Cela passe aussi par un rôle accru de l'Agence européenne de défense, notamment pour la conduite des programmes de recherche et d'armement européens, comme les futurs hélicoptères lourds et le déminage maritime ».

Initialement prévue dans le Traité constitutionnel, l'Agence européenne de défense est créée, en juillet 2004, par une action

---

[2] « L'Europe de la défense : une priorité », 1er novembre 2008.

commune après validation de son principe par le Sommet européen de Thessalonique (juin 2003)[1].

Elle rassemble, sous l'autorité de Javier Solana, les 26 Etats membres de l'UE, c'est-à-dire tous les Etats de l'UE, à l'exception du Danemark, qui a choisi de ne pas participer à la PESD, et donc à l'AED. Au sein de l'Agence, l'organe décisionnel est le comité directeur. Il se réunit en formation des ministres de la défense, et en formations spécifiques regroupant les directeurs nationaux de l'armement (DNA), les directeurs R&T et les responsables de la planification de la défense dans les Etats-majors[2].

Pour Bastien Irondelle, « plus qu'une simple étape, la création de cette agence (...) constitue un véritable tournant dans l'évolution du volet industriel de l'Europe de la défense. C'est, en effet, la première fois que les pays de l'UE acceptent que les questions d'armement soient traitées au sein de l'UE et non dans des structures ad hoc de coopération bi ou multilatérale, comme c'était le cas auparavant. Jusqu'à une date récente, les Etats avaient tendance à veiller à ce que la production, le commerce et l'acquisition des armements soient tenus à l'écart du processus d'intégration européenne et ce, en vertu de l'article 296 du Traité sur l'UE, qui autorise les Etats à déroger aux règles du marché intérieur lorsque les intérêts de sécurité sont concernés[3] ».

La mise en place de l'agence représente donc un symbole fort. Mais elle est dotée d'un budget faible (30 millions d'euros en 2009) et d'un personnel relativement modeste (120 personnes environ), ce qui permet de nourrir quelques doutes sur la

---

[1] Action commune 2004/551/PESC du 12/07/2004. Une Agence européenne d'armement avait déjà été prévue par le Traité de Maastricht. F.Terpan, *La politique européenne de sécurité et de défense*, op.cit., p. 140.
[2] Source: ministère de la Défense. L'Agence contient quatre branches d'activité : branche Capacités, relevant de la responsabilité des Etats-majors des armées, branches Industrie/Marché et Armement placées sous l'autorité des directeurs nationaux d'armement, et branche R&T pilotée par les directeurs nationaux de la R&T.
[3] « L'Europe de la défense à la croisée des chemins ? », *Critique internationale*, n°26, janvier 2005.

capacité de l'agence à remplir sa mission qui va, au-delà, des enjeux capacitaires :

- améliorer les capacités de défense de l'Union européenne, notamment dans le domaine de la gestion des crises

- promouvoir la coopération européenne dans le domaine de l'armement

- renforcer la base industrielle et technologique de défense de l'UE et de créer un marché européen des équipements de défense qui soit concurrentiel

- favoriser la recherche, en vue de renforcer le potentiel industriel et technologique européen dans le domaine de la défense[1].

À l'actif de l'AED, on note cependant plusieurs avancées. En matière capacitaire, l'agence a mené un projet d'harmonisation s'agissant des véhicules blindés de combat VBC. L'AED a également engagé un travail important de prospective en établissant les besoins capacitaires de l'UE à l'horizon 2025 via un audit des forces et faiblesses de la défense européenne[2]. Par ailleurs, l'agence a travaillé à faciliter l'émergence d'un marché européen de l'industrie d'armement. En 2005, un code de conduite portant sur les acquisitions de matériel de défense a été adopté : l'ensemble des achats de défense peut aujourd'hui faire l'objet d'un marché communautaire[3].

---

[1] Consulter le site Internet de l'Agence à l'adresse: http://www.eda.europa.eu
[2] En novembre 2005, le comité directeur de l'Agence européenne de défense (AED) réuni au niveau des ministres a demandé à l'Agence d'identifier les besoins de l'Europe en matière de défense. L'AED a publié un rapport intitulé : « Une première vision à long terme pour les capacités et besoins en capacités de l'Europe en matière de défense ». Selon l'Agence, les opérations relevant de la PESD seront de type expéditionnaire et feront appel à plusieurs pays ainsi qu'à plusieurs instruments : l'objectif sera davantage la stabilité que la victoire. Le document est disponible à l'adresse suivante :
http://europa.eu/legislation_summaries/foreign_and_security_policy/cfsp_and_esdp_implementation/l33238_en.htm
[3] « L'Union européenne adopte un code de conduite pour libéraliser le marché de l'armement », *Note d'analyse du GRIP*, 28 novembre 2005.
Source: http://www.grip.org/bdg/g0999.html

En dépit de ces avancées, les dissensions politiques, qui sont le reflet de la diversité des cultures stratégiques au sein de l'UE, paralysent l'AED. Yann Boulay affirme que « les divergences d'appréciation entre Etats membres n'ont fait que croître au fil du temps au point de menacer le bon fonctionnement de l'AED[1] » entre une culture politico-militaire plus stratégique, et centrée sur la PESD et une culture militaro-industrielle, axée sur la structuration d'un marché européen de l'armement.

La question budgétaire est également source de tensions. Plusieurs pays, dont la France, plaident pour une augmentation du budget de l'agence tandis que d'autres, Grande-Bretagne en tête, s'y opposent, ne considérant pas opportun de réduire les crédits des ministères nationaux de la Défense au profit de l'AED. Le ministère de la Défense britannique envisage l'AED comme « une agence de rendez-vous qu'il utilise s'il le veut[2] ».

Ces difficultés étaient à prévoir : la création de l'AED, déjà envisagée dans le Traité de Maastricht, n'a pas été mise en place à l'époque, freinée par le protectionnisme des Etats membres en ce qui concerne la production d'armement[3].

Il faudra une impulsion forte pour que l'agence puisse réellement devenir « un instrument au service d'une Europe puissance », un outil permettant à l'UE de « s'affirmer comme un acteur global de paix et de sécurité »[4]. L'élan donné par son président, Javier Solana, n'apparaît pas suffisant. « Il serait irréaliste de d'espérer que l'agence puisse forcer un changement radical en matière de culture de la défense quand bien même son impact potentiel sur les politiques militaires serait important », estime Sven Biscop[5]. Le principe ouvert par le Traité de

---

[1] Yann Boulay, « L'Agence européenne de Défense : avancée décisive ou désillusion pour une Europe de la défense en quête d'efficacité ? », *EU Diplomacy Papers*, Janvier 2008, Collège d'Europe.
[2] Déclaration reportée par Laurent Zecchini, *Le Monde*, 15 novembre 2006.
[3] Fabien Terpan, *La politique étrangère et de sécurité commune de l'UE*, op.cit., p. 140.
[4] Cf la page de présentation de l'Agence sur le site Internet : http://www.eda.europa.eu
[5] Sven Biscop, *The European Security Strategy. A Global Agenda for Positive Power*, Aldershot, Ashgate, 2005.

Lisbonne de permettre aux Etats membres de conclure une coopération structurée permanente les engageant à renforcer leurs capacités de défense devrait favoriser une convergence plus rapide[1].

C'est l'Agence européenne d'armement qui évaluera les contributions des Etats membres sous le contrôle du Haut représentant.

Avec le développement de l'architecture politico-militaire sous l'impulsion du Haut représentant, la Poilitique européenne et de sécurité commune a changé de configuration. Solana a cherché à accroître ses ressources en équipes et en instruments. La militarisation de l'action extérieure au sein du Conseil a permis au Haut représentant, confronté à des ministères des Affaires étrangères soucieux de conserver leurs prérogatives, et se trouvant en concurrence avec la Commission européenne, d'acquérir un nouvel espace d'action renforçant son influence et sa visibilité[2]. L'affaiblissement de la Commission européenne

---

[1] La coopération structurée permanente visée à l'article 28A, paragraphe 6, du Traité sur l'Union européenne est ouverte à tout Etat membre qui s'engage dès la date d'entrée en vigueur du traité de Lisbonne:
-à procéder plus intensivement au développement de ses capacités de défense par le développement de ses contributions nationales et à participer le cas échéant à des forces multinationales, aux principaux programmes européens d'équipement et à l'activité de l'Agence dans le domaine du développement des capacités de défense, de la recherche, de l'acquisition et de l'armement (l'Agence européenne de défense)
b) à avoir la capacité de fournir, au plus tard en 2010, soit à titre national, soit comme composante de groupes multinationaux de forces, des unités de combat ciblées pour les missions envisagées, configurées sur le plan tactique comme un groupement tactique, avec les éléments de soutien, y compris le transport et la logistique, capables d'entreprendre, dans un délai de 5 à 30 jours, des missions visées à l'article 28B, du traité sur l'Union européenne en particulier pour répondre à des demandes de l'Organisation des Nations unies, et soutenables pour une période initiale de 30 jours, prorogeable jusqu'au moins 120 jours.
http://www.traite-de-lisbonne.fr/Traite_de_Lisbonne.php?Traite=7
[2] Le développement du militaire permet à Solana de tenir la Commission européenne à distance. Souhaitant affirmer son antériorité en matière de gestion de crise, la Commission tente alors de redéfinir une partie de ses outils. Des litiges portant sur le partage des compétences ont été soulevés devant la Cour européenne de justice.

avec la démission de Jacques Santer lui laissait le champ libre pour renforcer le decrétariat général du Conseil[1].

Encouragé par des Etats membres, demandeurs de nouveaux développements en matière de Politique européenne de sécurité et de défense (PESD), Solana est devenu « politiquement responsable de la PESD même s'il ne l'était pas formellement», dépassant par là même son mandat initial[2]. On peut cependant se demander si le capital politique s'accroît avec plus de ressources. Solana acquiert-il pour autant une plus grande capacité d'initiative ou à tout le moins une plus grande marge de manoeuvre? Ces évolutions ne sont pas sans incidence sur la prise de décision qui s'est déplacée à Bruxelles. La pratique quotidienne de la PESC-PESD n'est ainsi plus tout à fait intergouvernementale, ni complètement européanisée. Elle relèverait davantage de la « gouvernance multi-niveaux ». « Ce concept, qui met en jeu une pluralité d'acteurs intervenant dans la prise de décision et agissant à différents niveaux, est de plus en plus présent dans les analyses de la PESC-PESD », constate Eric Remacle.

Le système de politique étrangère européen s'articulerait ainsi autour de quatre niveaux d'agrégation de la prise de décision: le Haut représentant pour la PESC, les institutions bruxelloises, les groupes d'influence et les administrations nationales[3]. On a pu craindre que la complexité du système n'entraîne un certain flottement. Devant le Parlement européen, le premier président du Comité militaire de l'UE, le général Gustav Hägglund déclare craindre des luttes intestines de pouvoir pour savoir qui fait quoi. Nous verrons dans une seconde partie comment la structure s'adapte au terrain.

Entretien avec Yves Buchet de Neuilly, le 12 juillet 2009.
[1] Entretien avec Philippe Setton, le 1er décembre 2009.
[2] André Dumoulin cité par Franck Petiteville, *La politique internationale de l'UE*, Presses de Sciences po, 2005, op.cit., p. 44.
[3] « L'intégration de la politique de défense européenne : potentiels et limites », in *La grande Europe*, Université libre de Bruxelles, op.cit., 2004.

DEUXIEME PARTIE:

LE HAUT REPRESENTANT POUR LA PESC A L'EPREUVE DU TERRAIN:

L'AFFIRMATION DE L'UE EN MATIERE DE GESTION DES CRISES

Nommé Haut représentant pour la PESC, Javier Solana peut déjà mobiliser des ressources politiques importantes. C'est un diplomate chevronné, connu sur la scène internationale et bénéficiant d'un certain crédit. Son entrée en scène diplomatique s'effectue en décembre 1999 lorsque les 15 le mandatent pour annoncer à la Turquie son statut de pays candidat. Cependant, Solana va très vite se heurter aux limites d'une diplomatie européenne reposant sur le plus petit dénominateur commun des 27. Il s'agit bien souvent de s'entendre sur un discours flou, dont le principal avantage est de ne pas susciter la controverse. Comme le souligne Charles Gheur, « plus un problème est complexe et controversé (…), plus les pays de l'Union agissant dans le cadre intergouvernemental de la PESC, éprouvent des difficultés à intervenir avec cohérence et vigueur[1] ». Solana va élaborer un corpus doctrinal, « une grille de lecture des menaces du monde[2] », qui servira de justification pour les opérations de gestion de crise. Elle est une « nouvelle étape dans l'affirmation de l'Europe et sa contribution à la sécurité internationale », écrit le Haut représentant. La Stratégie européenne de sécurité, document clef, sera adoptée par le Conseil européen en décembre 2003.

---

[1] « L'Union européenne face au conflit isréalo-palestinien », *Etudes*, septembre 2003.
[2] « La Stratégie de sécurité de l'UE », Javier Solana, *Défense nationale*, n°5, 2004.

Chapitre 3

La formulation progressive d'un socle doctrinal (1999-2003)

En cas de crise, le poids économique ne saurait suffire à l'exercice de l'influence. Comme le précise Fabien Terpan : « celle-ci réclame aussi des initiatives diplomatiques et de médiation, une utilisation des instruments juridiques les plus contraignants (stratégies, actions communes, positions communes) pour l'ensemble des activités de gestion des crises (…) et elle réclame surtout une capacité militaire dont l'Union, jusque-là, a été dépourvue (…). Sa contribution ne peut pas être significative en l'absence d'une dimension militaire plus prononcée, indispensable dans des conditions extrêmes comme celles d'un conflit armé ou d'une crise aiguë, susceptible de déboucher sur un tel conflit. La menace du recours à la force doit peser sur l'Etat tiers dont on entend influer le comportement[1] ».

La prise de conscience de l'Union européenne a conduit à l'émergence dès 2001 d'une structure politico-militaire au service des Etats membres, pilotée à Bruxelles, par le Haut représentant pour la PESC. Il fallait également définir une doctrine à partir de laquelle juger du bien-fondé d'une opération de gestion de crise.

---

[1] Fabien Terpan, *La politique étrangère et de sécurité commune*, op.cit., p. 28.

1. Du Kosovo (1999) à l'opération CONCORDIA (2003)

Au Kosovo, province administrée par Belgrade, les tensions avec la population majoritairement albanaise dégénèrent rapidement en violence entre les forces serbes (police et armée) et les Albanais du Kosovo. Elles conduisent à une catastrophe humanitaire dans la province. Après l'échec des négociations diplomatiques à Rambouillet (6-23 février), puis à Paris (15-18 mars), le Conseil de l'Atlantique Nord décide que le secrétaire général de l'OTAN pourra « autoriser des frappes aériennes contre des objectifs situés sur le territoire de la République fédérative de Yougoslavie ».

Javier Solana, qui occupe alors le poste de secrétaire général, déclare: « Ces derniers mois, la communauté internationale n'a pas épargné ses efforts pour obtenir une solution négociée au Kosovo. Mais cela n'a pas été possible. La responsabilité première des frappes aériennes revient au président Slobodan Milosevic qui a refusé de mettre un terme aux actions violentes au Kosovo et de négocier de bonne foi. Le temps est maintenant à l'action [1] ».

L'ordre de déclencher les frappes aériennes est donné le 23 mars 1999 par Javier Solana. Elles sont suspendues le 10 juin de la même année à la suite de la signature d'un accord avec la République fédérale de Yougoslavie.

Parallèlement, le Conseil de sécurité des Nations Unies adopte la résolution 1244 appelant à l'arrêt immédiat de la violence, un retrait rapide par la République fédérale de

---

[1] Cette déclaration de Javier Solana en tant que Secrétaire général de l'OTAN est intéressante pour mieux comprendre les expériences qui ont pu façonner celui qui occupera ultérieurement le poste de Haut représentant/Secrétaire général du Conseil de l'UE. Source: *Le Monde diplomatique*.
http://www.monde-diplomatique.fr/cahier/kosovo/otan-solana-fr

Yougoslavie de ses forces militaires, paramilitaires et de police et le déploiement d'une présence internationale civile et de sécurité effective, avec une participation substantielle de l'OTAN[1].

D'après l'ancien secrétaire général de l'OTAN, Lord Robertson[2], « la campagne aérienne du Kosovo a mis à jour la dépendance des Européens à l'égard des capacités militaires américaines. Des armes à guidage de précision et des avions de reconnaissance aux troupes de terrain capable de se projeter rapidement sur un théâtre d'opération et de s'y maintenir avec le soutien logistique nécessaire, les alliés européens n'ont pas les moyens nécessaires[3] ».

Ce constat est confirmé dans un rapport de Xavier de Villepin pour le Sénat lequel souligne « l'écart technologique entre Américains et Européens[4] ». Le rapport conclut à un retard technologique qui risque de s'accentuer dans les prochaines années « du fait d'un effort américain en matière de recherche globalement trois fois plus élevé que celui des Européens » et « d'un effort de défense des Européens insuffisant ».

Pour le rapporteur du Sénat, « la première leçon politique de la crise du Kosovo doit être, pour les Européens, l'exigence de bâtir enfin concrètement une Europe de la défense, dotée de moyens opérationnels crédibles ».

La campagne du Kosovo favorise, en effet, la prise de conscience de la nécessité d'une défense européenne et fait évoluer la position américaine. Fabien Terpan relève que « le

---

[1] Source site internet de l'OTAN : http://www.nato.int
[2] Lord Robertson a remplacé Javier Solana devenu Haut représentant en octobre 1999. Il a occupé ce poste jusqu'en 2003. Jaap de Hoop Scheffer lui a succédé entre 2003-2009 (mandat prolongé en 2007 pour préparer le 60e anniversaire de l'Alliance). L'actuel Secrétaire général est Anders Fogh Rasmussen (fin du mandat prévue pour 2013).
[3] Cité par Fabien Terpan, op.cit., p. 74.
[4] Xavier de Villepin, «Les premiers enseignements de l'opération "force alliée" en Yougoslavie : quels enjeux diplomatiques et militaires ? », Rapport d'information n° 464, fait au nom de la Commission des affaires étrangères du Sénat, déposé le 30 juin 1999.

manque de moyens dont souffrent les Européens est devenu un problème militaire sérieux pour les Etats-Unis dans la mesure où la mise à disposition de leurs forces implique de faire passer les priorités de l'UE en matière de gestion des crises avant les responsabilités et intérêts globaux des Etats-Unis ». Il rapporte les propos de Strobe Talbott, qui était alors Secrétaire d'Etat, selon lesquels les Américains contestent « une telle prééminence des Américains (en Europe) en moyens humains, en puissance de feu, en équipements et ressources diverses, étant donné les engagements de notre nation dans le Golfe, la péninsule coréenne et partout dans le monde[1] ».

Les Etats membres s'engagent sur la voie de réformes pour s'adapter au nouvel environnement de sécurité.

En décembre 2001, après une conférence d'amélioration des capacités tenue le mois précédent, les Etats membres déclarent l'opérationnalité de la PESD lors du Sommet de Laeken. L'UE est donc prête à intervenir sur le terrain pour conduire des missions de gestion de crise.

Javier Solana précise qu'il existe trois niveaux d'opérations : les opérations menées par l'OTAN, celles menées par l'UE avec les moyens de l'OTAN et des opérations européennes autonomes[2]. Cela ne signifie pas que l'UE est « prête à tout faire et qu'elle interviendra automatiquement si elle est sollicitée[3] ». Des doutes subsistent sur les réelles capacités de l'UE.

Le premier terrain d'action sera la Bosnie-Herzégovine où l'UE lance une mission de police à l'invitation du gouvernement de Bosnie-Herzégovine dans une région marquée par

---

[1] Fabien Terpan, op.cit., p. 79.
[2] Rappelons qu'à Helsinki, le Conseil européen avait précisé qu'il s'agissait de « développer une capacité de décision autonome, et là où l'OTAN en tant que telle n'est pas engagée, de lancer et de conduire des opérations militaires ». L'OTAN « demeure le fondement de la défense collective de ses membres et continuera à jouer un rôle important dans la gestion des crises ».
[3] « La PESD », in Fabien Terpan, *La politique étrangère de sécurité et de défense*, op.cit., p. 155.

l'impuissance de l'UE à mettre fin aux conflits dans les années 90[1].

Le Conseil Affaires étrangères valide l'opération le 11 mars 2002, et nomme Sven Frederiksen à la tête de la mission. La mission est saluée par le Conseil de sécurité de l'ONU (résolution 1396 du 5 mars 2002[2]). L'UE assurera la relève au 1er janvier 2003 de l'opération de l'ONU (Groupe international de police de la Mission des Nations Unies en Bosnie-Herzégovine) qui avait été mise en place par l'Accord de Dayton en 1995 dans l'objectif de contribuer à la réforme des appareils policier et judiciaire.

Pour Javier Solana, cette mission représente un enjeu important « pour le développement de l'identité extérieure de l'Union européenne ». « La MPUE est la première opération de gestion de crise lancée par l'Union dans le cadre de la Politique étrangère et de sécurité commune (PESC). Le fait que cette opération ait lieu en Bosnie constitue l'affirmation la plus forte jusqu'à présent de l'engagement de l'UE à soutenir les Balkans et de sa collaboration avec eux. Le fait que la première opération de l'Union soit une mission de police, donc une mission civile, prouve notre engagement en faveur d'une approche globale de la gestion de crises présentant une réelle valeur ajoutée[3] ».

---

[1] Le Conseil européen de Feira (19 et 20 juin 2000) estimait, en effet, que «le premier domaine prioritaire, recensé à la lumière des crises auxquelles l'Europe a dû récemment faire face et auxquelles elle se trouve confrontée, est celui de la police». Les Etats membres s'engagent à renforcer leur capacité à fournir des policiers pour les opérations internationales de police. Le déploiement des effectifs de police peut s'effectuer soit en réponse à la sollicitation d'une organisation internationale soit dans le cadre d'une mission autonome de l'UE.
Source:
http://www.ena.lu/conclusions_conseil_europeen_santa_maria_feira_19_20_j uin_2000-010007814.html
[2] Une résolution de l'ONU ne conditionne pas le déploiement d'une mission de police.
[3] Discours de Javier Solana, Haut représentant de l'Union européenne pour la Politique étrangère et de sécurité commune à la cérémonie d'ouverture de la

Javier Solana publie également un article dans la *Revue du Marché commun et de l'Union européenne* dans lequel il écrit : « il y a pour nous une certaine émotion liée au fait qu'il s'agit de la première opération de l'Union sur le terrain. Ces policiers ont ajouté à leur uniforme national des insignes de l'Union européenne. Nos « douze étoiles », qui ornent déjà nos billets de banque, et qui sont donc entrées dans notre vie quotidienne, font maintenant également partie du paysage international en matière d'opérations de gestion de crise, illustration tangible de la volonté des Européens d'agir ensemble dans un nouveau domaine dont chacun saisit l'importance pour notre stabilité et notre sécurité[1] ».

C'est la première opération lancée par l'UE dans le cadre de la PESD. Elle représente un test de crédibilité. Cette fois-ci, l'UE, chef de file (l'administration de la ville de Mostar avait bénéficié de la collaboration de l'UEO[2]) est entièrement responsable du déroulement de l'opération. L'UE est par ailleurs contrainte par le budget : il s'agit de remplir une mission similaire à celle de l'ONU avec des effectifs et un budget deux fois plus faibles.

Le Conseil a mis en place une équipe de planification en avril 2002 qui a continué ses travaux jusqu'en décembre. C'est cette équipe qui a établi le Concept de l'opération et le plan d'opération (OPLAN). Le Conseil a défini la structure et la chaîne de commandement. Le quartier général a été établi à Sarajevo. L'opération est officiellement lancée le 1er janvier 2003 pour une durée de trois ans. La MPUE est composée d'environ 900 personnes, dont 500 policiers provenant de 34 Etats pour un budget annuel de 38 millions d'euros.

Mission de police de l'UE en Bosnie Herzégovine (MPUE). Sarajevo, 15 janvier 2003. Source : ena.lu

[1] Javier Solana, « Politique européenne de sécurité et de défense : de l'opérationnalité aux opérations », *Revue du marché commun et de l'Union européenne*, mars 2003.

[2] Agnieska Nowak, « La mission de police en Bosnie-Herzégovine », *Occasional papers*, Institut d'études de sécurité, 2003.

Sur le terrain, la coordination UE-ONU est assurée par la double casquette de Lord Ashdown, Haut représentant des Nations unies en Bosnie-Herzégovine[1] et Représentant spécial de l'UE à partir de mai 2002[2]. Le mandat de la mission, qui figure dans l'annexe de l'action commune, consiste à « établir des dispositifs de police durables [...] conformément aux meilleures pratiques européennes et internationales ».

La MPUE a pour objectif de mener des actions de suivi, d'encadrement, de formation et d'inspection des forces de police locales. Elle doit coordonner son action avec la Commission européenne. Comme le souligne Javier Solana : « la MPUE est un nouvel outil de l'Union européenne, mais forme partie intégrante des politiques que nous avons mises en place en Bosnie dans le cadre du processus de stabilisation et d'association[3] ».

Le Comité politique et de sécurité (COPS) assure le contrôle politique et définit la direction stratégique de la mission. Le représentant spécial de l'UE rend compte au Conseil européen par l'intermédiaire du secrétaire général/Haut représentant pour la PESC. Le Haut représentant donne des orientations au chef

---

[1] Le Haut représentant (de la communauté internationale) dispose de pouvoirs importants : les "pouvoirs de Bonn" qui lui permettent notamment de destituer les responsables politiques et d'imposer des lois. Ce poste devrait être supprimé au profit du renforcement du poste du Représentant spécial de l'Union européenne.

[2] Une déclaration adoptée en 2003 souligne que le champ de coopération couvre «le domaine de la gestion civile et militaire des crises» et prévoit des consultations «chaque fois que nécessaire». La Déclaration précise que «les Nations Unies et l'Union européenne partagent le principe selon lequel la responsabilité du maintien de la paix et de la sécurité internationales incombe au premier chef au Conseil de sécurité des Nations Unies, conformément à la charte des Nations Unies». Déclaration conjointe sur la coopération entre les Nations Unies et l'UE dans le cadre de la gestion de crise, 24 sept. 2003. Cette déclaration a été complétée par une nouvelle déclaration commune du 7 juin 2007.
Consulter le site : http://www.eu-un.europa.eu/articles/fr/article_1001_fr.htm

[3] Discours de Javier Solana, Haut représentant de l'Union européenne pour la Politique étrangère et de sécurité commune à la cérémonie d'ouverture de la Mission de police de l'UE en Bosnie Herzégovine (MPUE). Sarajevo, 15 janvier 2003. Source : ena.lu

de mission par le biais du représentant spécial de l'UE. Le chef de la mission/commissaire de police assume le commandement opérationnel de la Mission de police de l'UE et la gestion quotidienne des opérations. Il rend compte au Haut représentant pour la PESC et reçoit de lui les orientations par l'intermédiaire du Représentant spécial[1].

Le lancement de la mission s'effectue sans encombre, même si certains observateurs soulignent la lenteur de son déploiement[2]. Mais son bilan est plus mitigé. Sept ans après le lancement de l'opération, celle-ci est toujours présente sur le terrain avec un mandat quasi-identique.

Pour Alexis Valhas, le problème vient du fait que « la mission de police s'est bornée à interpréter restrictivement sa mission, se cantonnant dans une attitude de *monitoring soft* par des actions de conseil, de suivi et un encadrement peu contraignant vis-à-vis de la police locale. En particulier, il n'y a eu aucune inspection efficace, c'est-à-dire portant sur l'ensemble des activités, et assortie d'une menace de sanctions en cas de non-conformité avec les standards professionnels. De fait, la procédure de révocation n'a jamais été utilisée et, pour les policiers locaux, la MPUE est rapidement apparue comme inoffensive[3] ».

Le mandat initial n'a par ailleurs été accompli que partiellement. Il existe en effet toujours en Bosnie plusieurs forces de police : une police serbe dans la Republika Srpska, une police bosno-croate dans la Fédération de Bosnie-Herzégovine et une police dans chacun des dix cantons de cette Fédération. Un éparpillement qui affecte la coopération entre les différentes polices (fédérale, de la fédération…). Mais aussi

---

[1] Valérie Peclow, « Les missions de police de l'Union européenne », *GRIP*, 2004.
[2] Eric Remacle, « D'une guerre à l'autre : le Sisyphe européen en quête d'identité internationale », *AFRI 2003*, volume IV. « Malgré la déclaration d'opérationnalité de la PESD, il aura fallu toute l'année 2002 pour lever les obstacles politiques et logistiques à la conduite de la mission de police en Bosnie et à la relève de l'OTAN en Macédoine ».
[3] Alexis Valhas, « A la recherche d'un concept européen des missions de police internationales », *AFRI 2007*, volume VIII.

avec les agences et la justice. « La confiance est rompue entre la justice (les procureurs) et la police. Notre but est d'atteindre les standards européens avec une police pleinement opérationnelle au niveau des échanges et sans corruption », confie le gendarme Yves Arcana[1].

Pour Marco Overhaus, la mission peut tout de même se prévaloir d'avoir amélioré le professionnalisme, la fiabilité et la transparence de la police même si ces progrès sont difficiles à évaluer. Les plus grands défis restent la lutte contre le crime organisé et la centralisation des structures de police[2]. Par ailleurs, les tensions politiques sont très fortes[3].

Javier Solana se félicite de son côté que « moins de dix ans après les débuts de la PESC (novembre 1993) mais surtout trois ans après Cologne et Helsinki, qui ont marqué le coup d'envoi de la PESD, le chemin a été parcouru au pas de course qui nous permet aujourd'hui de mener des opérations de gestion de crise de l'Union dans les Balkans. L'Europe n'est à l'évidence pas encore en mesure de jouer partout dans le monde un rôle en rapport avec son poids économique et commercial, mais elle a commencé à prendre en charge les destinées de la paix et de la sécurité sur son propre continent, y compris dans ses parties les plus turbulentes[4] ».

---

[1] Article de Nicolas Gros-Verheyde publié sur son blog consacré à l'Europe de la défense et de la sécurité. http://bruxelles2.over-blog.com/article-la-mission-de-police-en-bosnie-va-se-recentrer-sur-le-crime-organise-41477174.html

[2] Marco Overhaus, « Bosnie-Herzégovine : les limites de la gestion de crise à l'européenne », *Politique étrangère*, automne 2009. A noter que l'Union européenne a signé un Accord d'association et de stabilisation (ASA) avec la Bosnie en juin 2008 alors qu'elle avait initialement conditionné la signature de l'ASA à une réforme substantielle de la police.

[3] Marco Overhaus, « Operation Althea and the EU Police Mission in Bosnia and Herzegovina : Implementing Comprehensive Approach », *The EU as a Strategic Actor in the Realm of Security and Defence ?*, Muriel Asseburg and Ronja Kempin, décembre 2009, SWP Research Paper.

[4] Article du Haut représentant dans la *Revue du Marché commun et de l'Union européenne*, op.cit.

Javier Solana a montré que l'UE, nouvellement dotée d'organes politico-militaires, pouvait accompagner la décision politique d'un point de vue opérationnel. Javier Solana s'est lui-même beaucoup investi dans le dossier comme il l'a fait pour les Balkans en général tout au long de son mandat. Cette mission démontre aux Etats membres que l'UE peut répondre à des sollicitations extérieures. Solana acquiert une nouvelle légitimité. La MPUE est un facteur déclencheur pour d'autres missions à venir[1]. Parallèlement à la MPUE, l'Union européenne lance également la première opération militaire baptisée *CONCORDIA* dans l'ex-république Yougoslave de Macédoine (ARYM) avec le soutien de l'OTAN, fin mars 2003[2].

Première opération militaire de l'UE, CONCORDIA vise à relayer l'OTAN présente sur le terrain depuis 2001 à la demande du président Trajkovski fin de soutenir la mise en oeuvre de l'accord-cadre d'Ohrid d'août 2001. L'action de groupes armés, l'Armée de libération nationale (UCK-M) menace de déstabiliser l'ouest du pays faisant craindre un scénario de type Kosovo[3]. Bien que très impliquée sur le volet diplomatique et, en particulier, via le Haut représentant pour la PESC[4], l'Union européenne n'était pas en mesure à l'époque de prendre en charge une opération de gestion de crise.

---

[1] EUPOL PROXIMA officiellement inaugurée en décembre 2003 dans l'ancienne République yougoslave de Macédoine (ARYM), EUPOL KINSHASA lancée en décembre 2004 en République démocratique du Congo (RDC) et enfin, EUPOL COPPS, envoyée dans les territoires palestiniens en janvier 2006.
[2] Les noms des missions sont généralement inspirés de la mythologie grecque et latine.
[3] Trois opérations de l'OTAN se succèdent : la Task Force Harvest avec pour objectif le désarmement volontaire de l'UCK, la Task Force Fox visant à assurer la protection des observateurs de l'OSCE et de l'Union européenne qui supervisaient les accords d'Ohrid. Enfin, Allied Harmony qui a pour mission al protection des observateurs et l'aide aux réformes militaires.
[4] Solana a eu un rôle important dans la négociation des accords d'Orhid. Les négociations achoppaient sur le statut de la langue albanaise et la participation de la communauté albanaise au sein de la police. Solana parvient à imposer que le chef de la police locale soit choisi par le Conseil municipal à partir

L'action commune est adoptée par le 27 janvier 2003[1]. Sur la base de la résolution 1371 du Conseil de sécurité des Nations unies[2], l'Union européenne déploie un contingent de 400 militaires provenant de 26 pays (dont 13 européens), axé sur la réforme institutionnelle (décentralisation) et la protection des minorités.

Cette opération est conduite en recourant aux moyens de l'OTAN, conformément aux accords de Berlin plus, adoptés le 17 mars 2003. Ces arrangements prévoient que l'Union européenne peut bénéficier des capacités de l'OTAN (commandement, planification) pour mener une opération de gestion de crise.

Cet accord trouve son origine dans le Sommet de l'OTAN de Berlin en 1996. Plusieurs années de négociations ont cependant été nécessaires avant la conclusion de l'accord. Des divergences font en effet achopper les discussions. En premier lieu, l'opposition des Etats-Unis face à une trop grande indépendance de l'UE en matière de gestion des crises qui s'exercerait au détrriment de l'OTAN. Les Etats-Unis refusaient en particulier la création par l'UE d'une structure de planification distincte de l'OTAN et souhaitaient que les opérations européennes soient prises en charge par le Commandant en chef adjoint des forces alliés en Europe (D-SACEUR). L'UE a maintenu son souhait de distinguer opérations autonomes de l'UE et opérations menées dans le cadre de l'OTAN. Enfin, il a fallu dépasser le veto turc à la signature de l'accord UE-OTAN, lié au dossier turco-chypriote. Le gouvernement turc craignait que des opérations militaires européennes puissent mettre en danger ses intérêts de

---

d'une liste fournie par le ministère de l'intérieur. L'accord de paix est conclu le 1er août 2001. Pierre Maral, « Vers une Union opérationnelle ? Concordia », *Défense nationale*, n°5, 2004.
[1] Action commune PESC 2003/92/PESC.
[2] Texte de la résolution disponible à l'adresse :
http://www.un.org/french/ga/search/view_doc.asp?symbol=S/RES/1371(2001)

sécurité, et avait peur que la PESD puisse être utilisée à Chypre ou, à proximité de Chypre, voire même dans la mer Egée[1].

Finalement, la pression américaine, l'élection de Recep Tayyip Erdogan comme premier ministre en Turquie, et les gages obtenus auprès de l'UE quant à l'impossibilité pour l'UE de diriger la PESD contre un Etat allié, ont permis la signature de l'accord. Celui-ci a été précédé par la « Déclaration UE-OTAN sur la PESD » en décembre 2002, dans laquelle le secrétaire Général de l'OTAN, Lord Robertson et le Haut Représentant pour la PESC, Javier Solana déclarent leur volonté d'amplifier le partenariat entre leurs deux organisations[2]. L'UE permet l'implication des pays alliés non membres de l'UE dans le PESD tandis que l'OTAN donne accès aux capacités de planification de l'organisation.

Parallèlement, UE et OTAN ont établi un dialogue à plusieurs niveaux : des réunions régulières se tiennent entre ministres des Affaires étrangères, entre ambassadeurs au niveau du COPS et du Conseil de l'Atlantique nord (CAN) et entre les Comités militaires de l'UE et de l'OTAN. Par ailleurs, les secrétaires généraux des deux organisations entretiennent des rapports permanents. Pour faciliter la coopération au niveau opérationnel, un dispositif de liaison militaire permanent a également été mis en place. Une équipe de l'OTAN est présente au sein de l'État-major de l'Union européenne depuis novembre 2005, et une cellule de l'UE a été mise en place au sein du SHAPE (commandement stratégique de l'OTAN pour les opérations), situé à Mons, en Belgique, en mars 2006[3]. Le fait que Javier Solana ait lui-même occupé la fonction de secrétaire

---

[1] Bastien Giegerich, *European Security and Strategic Culture. National responses to the EU's Security and Defence policy*, op.cit., p18.
[2] http://www.consilium.europa.eu/ueDocs/cms_Data/docs/pressData/fr/ec/00400-r1.%20ann.f0.htm
[3] La coopération concerne également les capacités. Un groupe OTAN-UE a été créé en mai 2003 pour veiller à ce que les efforts menés par l'OTAN et l'UE dans le domaine du développement des capacités soient cohérents et à ce qu'ils se renforcent mutuellement (par exemple s'agissant des groupements tactiques de l'UE mis sur pied dans le cadre de l'Objectif global pour 2010 et de la Force de réaction de l'OTAN).

général de l'OTAN a beaucoup apporté pour assurer la fluidité des rapports entre les deux organisations.

CONCORDIA représente donc un premier test. En pratique, si le contrôle politique est resté entre les mains du Comité politique et de sécurité (COPS), le commandement stratégique est assuré par l'OTAN. Le quartier général européen a été placé au sein du SHAPE sous l'autorité du commandant en chef adjoint des forces alliées en Europe (DSACEUR), un Européen, l'amiral Feist. Le commandement de la force en Macédoine, Pierre Maral, était installé à Skopje.

CONCORDIA est menée sans incidents majeurs, mais met à jour la difficulté de coordonner un ensemble d'acteurs agissant sous une chaîne de commandement séparée. « Le représentant spécial de l'UE faisait figure de primus inter pares avec un rapport direct au Haut représentant, Javier Solana. A côté, l'on trouvait, chacun sous une chaîne de commandement distincte, la délégation de la Commission, une agence indépendante pour la reconstruction basée à Salonique, la mission militaire européenne et, en fin de compte, l'opération CONCORDIA elle-même, qui fonctionnait sous le régime otanien de Berlin+ et fut commandée par le DSACEUR », relèvent Anand Menon et Jolyon Howorth[1].

CONCORDIA sera suivie d'une mission de police PROXIMA menée à l'invitation du gouvernement macédonien, le 16 septembre 2003. Pour Alexandre Lambert, cette sollicitation n'est pas sans lien avec le rôle important joué par le Haut représentant Javier Solana ainsi que des représentants spéciaux[2]. L'Union européenne constitue désormais le principal acteur international en Macédoine avec comme objectif la pérennisation de la paix et la réalisation des perspectives

---

[1] Anand Menon et Jolyon Howorth, « Sécurité européenne et relations transatlantiques », in René Schwok et Frédéric Mérand, *L'UE et la sécurité internationale*, op.cit., p. 228.
[2] Alexandre Lambert, « Les interventions militaires de l'UE dans les Balkans », *Relations internationales*, n°125, 2006/1.

d'intégration réaffirmées lors du Sommet Union européenne-Balkans, le 21 juin 2003, à Thessalonique[1].

La première mission militaire de l'UE en Macédoine a validé les accords de Berlin plus. Un dispositif institutionnel auquel l'UE a également eu recours pour l'opération Althéa en Bosnie. Cependant, les divergences, qui sont apparues au moment de la signature de l'accord en 2003, sont toujours vivaces et concernent principalement la question de l'autonomie de la PESD par rapport à l'OTAN. Les concurrences stratégiques entre l'UE et l'OTAN ne sont pas résolues malgré la volonté du Haut représentant d'apaiser les tensions[2]. L'UE défend toujours le principe de son autonomie[3].

« La vocation des deux organisations est différente. L'une reste une alliance militaire transatlantique ; l'autre est une union politique d'Etats européens partageant la même ambition de faire de cette union un acteur global, disposant d'une palette unique d'instruments d'intervention extérieure, allant de l'assistance humanitaire et de l'aide au développement à la gestion de crise civile et militaire. Tantôt l'une, tantôt l'autre répond le mieux aux besoins d'une situation selon le contexte politique et stratégique », plaide Javier Solana intervenant à la journée d'étude de la Fondation pour la Recherche Stratégique, le 11 mars 2009[4]. Pour certains observateurs, le renforcement de la coopération européenne en matière de sécurité donnera lieu à des tensions croissantes avec les Etats-Unis[5]. Les Américains continuent de penser que l'OTAN doit être au fondement de la sécurité européenne. Le développement d'une PESD qui permet à l'UE de lancer des opérations autonomes est vu comme

---

[1] Nadège Ragaru, « Macédoine: le bilan en demi-teinte de la politique européenne », *Critique internationale*, n° 24, mars 2004.
[2] Discours à la session d'ouverture du séminaire relatif à la relation UE-OTAN, Conseil de l'UE, 7 juillet 2008.
[3] Patrice Bergamini, directeur adjoint de Cabinet explique qu'au lancement de la PESD, Solana savait qu'il ne pourrait pas faire sans l'OTAN. « A force, on a pu revendiquer de l'autonomie ». Entretien, le 9 octobre 2009, Bruxelles.
[4] « La France, la défense européenne et l'Otan au 21e siècle », Fondation pour la Recherche stratégique.
[5] Seth Jones, *The Rise of European Security Cooperation*, op.cit., p. 5.

affaiblissant l'influence américaine.

Par ailleurs, les accords de Berlin plus sont actuellement bloqués toujours en raison du différend turco-chypriote. La Turquie, membre de l'OTAN, refuse l'accès de Chypre (non-membre de l'OTAN mais membre de l'UE) à des documents confidentiels. De son côté, l'UE n'accepte pas que certains de ses membres puissent être exclus d'une opération de gestion de crise. Solana a réussi à mettre sur les rails la coopération UE-OTAN, et à faire accepter l'autonomie de l'UE dans la gestion des crises, mais la définition des modalités de cette coopération entre UE et OTAN reste d'actualité.

2. La Stratégie européenne de sécurité (SES)

La guerre en Irak a mis au jour l'ampleur des divisions européennes en matière stratégique. Neuf Etats membres ont condamné la guerre, onze l'ont soutenu, cinq n'ont pas pris parti.

Citant Anand Menon, Xymena Kurowska écrit : « la blessure fatale provoquée par la débâcle en Irak a donné lieu à un moment cathartique qui aura permis le développement de la PESD avec l'adoption de la Stratégie européenne de sécurité et le lancement des premières opérations de la PESD [1] ».

Adoptée, en décembre 2003, sous le titre « Une Europe sûre dans un monde meilleur », la Stratégie européenne de sécurité, souvent considérée comme « le document de Solana[2] », vise à définir le cadre stratégique dans lequel opère l'Union européenne « quelques mois après la crise irakienne et quelques autres mois avant l'élargissement de l'UE[3] ».

Elle répond à une proposition émise par certains centres de recherche : l'Institut des relations internationales Clingendael aux Pays-Bas, l'Institut royal belge des Relations internationales. Ce sont les ministres des Affaires étrangères qui sollicitent Solana lors d'une réunion informelle à Kastellorizo (Rhodes) les 2 et 3 mai 2003[4]. Une demande qui a d'ailleurs surpris bon nombre d'observateurs dans un contexte où la PESC

---

[1] Xymena Kurowska, « Solana Milieu: Framing Security Policy », Perspectives on European Politics and Society, Volume 10, Issue 4, December 2009. « The seemingly fatal injury generated by the Iraq debacle hence provided for a cathartic moment in the development of ESDP in that it induced the adoption of the ESS and the launching of the first ESDP missions ».
[2] Jolyon Howorth, *European security and defense policy*, op.cit., p. 199.
[3] Javier Solana, « Stratégie de sécurité de l'UE », *Défense nationale*, mai 2004.
[4] Sven Biscop et Jan Joel Andersson, « *The EU and the European Security Strategy. Forging a global Europe*», op.cit., p. 1.

était mise à mal[1]. Il semble cependant que l'initiative a été prise par Solana et son cercle rapproché qui a élaboré un draft. Le Comité politique et de sécurité a également été impliqué au premier stade. L'ancrage au sein du COPS a permis de lancer les premières discussions dans une enceinte relativement à l'abri des divisions occasionnées à plus haut niveau par la guerre en Irak[2]. Les ambassadeurs français et allemands ont par ailleurs réussi à vendre l'idée d'une telle stratégie à leur ministre respectif qui, eux mêmes, ont veillé à obtenir l'assentiment des Britanniques et, ainsi, permis la sollicitation de Solana en mai 2003. La SES est présentée au Conseil européen de Thessalonique en juin 2003.

Des amendements ont été apportés puis discutés au sein du COPS, ainsi qu'au cours de séminaires organisés par l'IES[3]. Christoph O.Meyer affirme cependant que Solana a résisté aux tentatives de réécrire le document même s'il a accepté de petits changements[4]. Le document, légèrement amendé, est à nouveau présenté, et adopté, lors du Conseil européen de Bruxelles, le 12 décembre 2003[5].

L'adoption de la SES dans le contexte de l'époque, peut surprendre. Les Britanniques ont accepté le principe de la Stratégie européenne de sécurité et l'inscription dans le document de l'attachement au multilatéralisme (alors même que l'intervention en Irak n'avait pas eu la caution des Nations

---

[1] La présidence belge avait proposé en 2001 de confier à l'Institut d'études de sécurité la tâche d'élaborer un concept stratégique mais devant les objections soulevées par les Etats membres, l'IES s'est contenté d'élaborer des scénarios de crise auxquels l'UE pourrait être confrontée.
[2] Christoph O Meyer, *The Quest for a European Strategic culture. Changing Norms on Security and Defence in the EU*, op.cit., p. 132.
[3] Sven Biscop and Jan Joel Andersson, *The EU and the European Security Strategy. Forging a Global Europe*, Routledge, p. 1.
Trois séminaires ont été organisés : Rome (19 septembre), Paris (6-7 octobre), Stockholm (20 octobre).
[4] Christoph O Meyer, *The Quest for a European Strategic culture,* op.cit., p. 133.
[5] Carsten T.H Pietsch, «The Role, Function and Impact of the Political and Security Committee», Bundeswehr Institute for Social Science, Strausberg, 18-19 June 2009, Berlin.

unies). L'implication « d'un des leurs », Robert Cooper, ancien diplomate, directeur de la DGE, dans la rédaction a joué. Les Etats qui ont soutenu l'intervention en Irak, auraient par ailleurs considéré que la Stratégie était un moyen de démontrer que l'UE prenait avec sérieux les menaces identifiées dans la *National Security Strategy* (NSS) américaine.

La SES pouvait être envisagée comme un message politique à Washington[1].

Le fait que Solana, avec l'appui du COPS, ait été à l'initiative de la Stratégie, a sûrement favorisé son adoption. Un tel document, rédigé par les ministères des Affaires étrangères des 15 à l'époque, aurait eu peu de chance de voir le jour.

La SES répond au constat dressé après le 11 septembre 2001 de la vulnérabilité de l'Europe. « La possibilité que l'Europe soit contrainte de s'impliquer dans une guerre n'est plus irréaliste ; de même, le déploiement de forces européennes pour une opération de haute intensité sur un théâtre éloigné de Bruxelles afin de contribuer à une stratégie de lutte contre le terrorisme et les Etats voyous est une hypothèse aujourd'hui fort probable[2] ».

La Stratégie européenne de sécurité, dont la publication a pu être considérée par certains comme un effet d'annonce après les divisions provoquées par la guerre en Irak, évalue les risques et les menaces auxquels l'Europe doit faire face : terrorisme, prolifération des armes de destruction massive, conflits régionaux, déliquescence des Etats et criminalité organisée. Les

---

[1] Bastian Giegerich, *European Security and Strategic culture. National Responses to the EU's Security and Defence Policy*, op.cit, p. 62. « The EU Security Strategy represented the only developement in 2003 that was clearly perceived to be positive from an American point of view. Officials and experts alike agreed that the document demonstrated to the US governement that there wad the potential to agree on a common framework with the EU in terms of a threat analysis. The Strategy was seen as opening the door to preventive action by the EU and fostering transatlantic agreement on the nature of threats such as international terrorism ».
[2] Fabien Terpan, *La politique étrangère et de sécurité commune*, op.cit., p. 123.

Etats occidentaux se trouvent confrontés à des crises et des conflits régionaux périphériques dont les formes sont plus diversifiées, moins prévisibles que pendant la période de la guerre froide[1].

La SES détermine comment l'UE peut y répondre y compris d'un point de vue militaire. Pour Bastian Giegerich, il s'agissait de lancer le débat sur les menaces qui mettaient en danger la sécurité européenne[2]. « Il s'agit d'un événement historique qui équilibre la tradition de puissance civile de l'UE en ajoutant des éléments de puissance militaire », écrit Philippe de Schoutheete[3].

Ce qui n'est toutefois pas simple ; la construction européenne ayant été motivée par le désir des Européens d'éliminer entre eux les logiques de guerre et de violence armée.

Il est d'ailleurs intéressant de noter, à la suite de Barbara Delcourt, que le discours européen sur l'usage de la force a connu une évolution importante entre la Déclaration de Copenhague sur l'identité politique de l'Europe (1973) et la Déclaration de Laeken (2001).

Si, en 1973, les neuf envisageaient l'Europe comme n'étant pas « inspirée par une quelconque volonté de puissance », l'Europe des 15 affirme que « le moment est venu pour l'Europe de prendre ses responsabilités dans la gouvernance de la globalisation. Le rôle qu'elle doit jouer est celui d'une puissance qui part résolument en guerre contre toute violence, toute terreur, tout fanatisme mais qui ne ferme pas les yeux sur les injustices criantes qui existent dans le monde[4] ».

---

[1] Robert Bussiere, *L'Europe et la prévention des crises et des conflits : le long chemin de la théorie à la pratique*, L'Harmattan, 2000, op.cit., p. 30.
[2] Bastian Giegerich, *European Security and Strategic Culture. National Responses to EU's Security and Defense policy*, op.cit., p. 51.
[3] Philippe de Schoutheete, « La cohérence par la défense : une autre lecture de la PESD », *Cahiers de Chaillot*, n° 71, octobre 2004, p. 45.
[4] Bernard Adam, « Les paradoxes de l'Europe puissance, normative, civile ... et tranquille ? », *L'Europe, puissance tranquille*, op.cit, p. 91.

Ce qui explique sans doute le fait que la PESD souffre dès le départ d'une ambiguïté constructive qui se traduit par les désaccords des Etats membres sur la signification et les limites de la PESD[1]. Comme le souligne Jean-Sylvestre Mongrenier dans un article, les pays dits neutres, « non alliés » (Autriche, Finlande, Irlande, Suède), rejoints en 2004 par Chypre et Malte privilégient « le bas Petersberg » et la *soft security* c'est-à-dire des missions humanitaires et de maintien de la paix. La France et quelques autres soulignent, pour leur part, que « le haut Petersberg » inclut la séparation des parties par la force et les missions de combat[2].

Or, la SES réaffirme les ambitions de l'Europe en tant qu'acteur de la sécurité. L'UE est décrite comme un « acteur mondial », prêt « à partager la responsabilité de la sécurité internationale ». L'UE réaffirme son attachement au multilatéralisme : « les relations internationales ont pour cadre fondamental la Charte des Nations Unies ». « Il s'agit d'offrir un soutien efficace à l'ONU non seulement parce que c'est dans l'intérêt des citoyens européens mais aussi parce que les Européens partagent des valeurs humanitaires très fortes », écrit Nick Whitney[3].

---

[1] Fabien Terpan, *La politique européenne de sécurité et de défense*, op.cit., p. 65. « L'objectif final et la signification de la PESD ne sont pas fixés, des points de vues différents marquant le projet dans son essence même. (…) Aucun Etat membre n'a considéré la PESD comme le fondement d'une véritable défense européenne, concurrente de l'OTAN ». Lire aussi l'article d'Anand Menon : « Playing with fire: the EU's defence policy», *Politique européenne*, n°8, 2002. « Further cleavage dividing the member states stems from the fact that they have very different ideas about what defence policy is actually for».
[2] Jean-Sylvestre Mongrenier, « L'improbable défense européenne », *Hérodote*, n° 128, 2008/1.
[3] Nick Whitney, « Re-ernergising Europe's Security and Defence Policy », *Policy Paper*, 2008, p. 10. « The EU's security and defence policy is based on the recognition that security is no longer a matter of preparing to resist invasion. It is about trying to contain or suppress violence elsewhere in the world before it irrupts into Europe in the form of terrorism or international crime, or triggers unmanageable immigration flows. It is about conflict prevention, about intervening in crises to keep the peace or make it, if need be ; and about helping to rebuild failed states and conflict-ravaged regions. It

La définition des menaces et des objectifs implique que l'Union européenne soit « plus active ». Et mobilise « l'ensemble des instruments en matière de gestion de crises et de prévention des conflits dont elle dispose, y compris les actions au plan politique, diplomatique, militaire et civil, commercial et dans le domaine du développement ».

La SES se prête à des interprétations diverses. Caroline Pailhe estime que la SES, loin d'être une grille de lecture européenne de la sécurité internationale, se limite à répercuter, après la guerre en Irak, l'agenda américain. « Sur le fond, l'analyse européenne des menaces rejoint, en essence, celles qu'identifie la National Security Strategy américaine de 2002, qui répond principalement au séisme sécuritaire de l'après-11 septembre 2001. Globalement, les deux stratégies décrivent une même téléologie, une même vision du monde et des relations internationales qui s'inscrit dans l'ensemble des représentations occidentales, y compris nord-américaines[1] ».

---

is about offering effective support to the UN's role. And it is about doing these things not only because they are in the interests of Europe's citizens, but because Europeans share strong humanitarian value ».

[1] Caroline Pailhe souligne que l'adoption d'une Déclaration européenne sur les armes de destruction massive au Conseil européen de Thessalonique en juin 2003 reflète également les préoccupations américaines. Consulter son article dans l'ouvrage de Bernard Adam, *L'Europe, puissance tranquille*, op.cit., p. 106. A noter qu'un courant de la science politique remet en cause le processus de *securitization* de l'Europe faisant référence à la politique spatiale, à la gestion civile des crises intégrée à la PESD. Pour Ian Manners, le processus de militarisation remet en question l'identité de l'Europe en tant que puissance normative. Bertrand Badie, pour sa part, interroge la nécessité pour l'Europe d'une défense intégrée. « L'Europe risque-t-elle de vraiment tout perdre en ne parvenant pas au statut de superpuissance militaire ? L'échec flagrant des politiques européennes de défense intégrée conduit peut être à une aubaine. Faute de pouvoir imposer la marque d'une puissance martiale redoutable, le Vieux continent s'insère autrement sur la scène internationale : par ses vertus commerciales, par la promotion des droits de l'Homme et la démocratie, par l'invention d'un mode nouveau d'intégration ». « L'impuissance de la puissance », passage cité par B.Adam, op.cit., p. 22. On trouve une vision similaire dans l'article de Zaki Laïdi, « L'Europe : la norme avant la force », p. 27.

On peut distinguer deux lignes de force dans le texte : d'un côté le souhait d'améliorer l'environnement international, de faire respecter certaines valeurs, c'est-à-dire une tradition messianique[1] et de l'autre une vision plus réaliste : la poursuite d'intérêts particuliers, la protection des citoyens européens, le souhait de voir l'Europe jouer tout son rôle sur la scène internationale[2].

L'ambiguïté de la SES s'agissant de l'usage de la force a alimenté de nombreux débats. Pour Barbara Delcourt : « Peu de responsables militaires ou politiques semblent prêts à engager leurs forces dans le seul but de faire respecter les droits de l'homme et la démocratie partout dans le monde (…). L'analyse des motivations à l'origine de l'opération Artemis en Ituri (RDC) donne la mesure du mélange des considérations humanitaires et d'intérêt bien compris qui ont présidé au choix et à la définition des modalités d'action de la première intervention militaire européenne hors du continent[3] ».

L'usage de la force pourrait donc répondre à des situations diverses. La notion de guerre préventive n'est pas non plus absente de la Stratégie européenne de sécurité.

L'usage de la force de façon anticipée est envisageable. La SES prévoit des « interventions rapides et, si nécessaires, robustes », l'UE devant être capable « d'agir avant que la situation dans les pays autour de l'UE ne se détériore » et « lorsque des signes de prolifération sont détectés ». « Un engagement préventif peut permettre d'éviter des problèmes plus graves dans le futur ».

---

[1] « En agissant ensemble, l'Union européenne et les Etats-Unis peuvent constituer une formidable force au service du bien dans le monde », Stratégie européenne de sécurité, p. 15.
[2] Barbara Delcourt analyse la position des Etats face au Conseil de sécurité de l'ONU. Certains Etats européens sont légalistes ; c'est-à-dire condition une opération militaire à un mandat des Nations Unies. D'autres sont légitimistes c'est-à-dire justifierait une intervention « juste » laquelle serait évaluée par les gouvernements européens eux-mêmes. En mars 1999, les Européens ont appuyé les frappes de l'OTAN au Kosovo qui n'ont pas reçu l'aval de l'ONU. *L'Europe, puissance tranquille*, op.cit., p. 95.
[3] Ibid.

Un proche de Javier Solana, Robert Cooper, et un des inspirateurs de la SES, ancien conseiller de Tony Blair, écrit d'ailleurs dans son ouvrage, *La fracture des nations, ordres et chaos au XXIe siècle* : « Tandis que dans le monde moderne, en suivant la formule de Clausewitz, la guerre est instrument de la politique, dans le monde postmoderne, elle est le signe d'un échec politique ». Robert Cooper estime cependant que « dans les régions pré-modernes qui existent encore dans le monde, où règne le chaos et où sont situées les zones de non-droit, il faut utiliser la force lorsque c'est nécessaire[1] ». Selon lui, les Européens doivent affronter l'anarchie du monde.

Dans un discours prononcé lors de la Conférence annuelle de l'Institut d'études de sécurité (IES), Javier Solana fait écho à ces propos : « vous me permettrez de citer Albert Camus et une certaine vision du monde qu'il livra dans le discours prononcé, à Stockholm, lorsqu'il reçut le Prix Nobel. Voici ces lignes : "chaque génération se croit vouée à refaire le monde. La mienne sait pourtant qu'elle ne le refera pas. Mais sa tâche est peut-être plus grande. Elle consiste à empêcher que le monde se défasse". Comme l'écrivain français, j'appartiens à une génération qui sait que refaire le monde n'est pas aussi facile qu'on le souhaiterait, qui sait que l'on ne transforme le monde ni par les armes, ni par décret. Une idée ou un concept ne suffit pas non plus. Très simplement parce que les réalités politiques sont toujours plus complexes et plus résistantes que les modèles théoriques. De même qu'une œuvre d'art ou une caricature... ne résume pas une civilisation, des élections ne font pas une culture démocratique. Dès lors plutôt que de vouloir transformer le monde, je crois qu'il est plus important, plus urgent aussi, d'essayer d'empêcher notre monde de se défaire. Et croyez moi, l'Europe s'y emploie. Avec force et conviction[2] ».

---

[1] Robert Cooper, *La fracture des nations, ordres et chaos au XXIe siècle*, Paris, Denoël, 2004, cité par B.Adam, op.cit., p. 91.
[2] Paris, 6 octobre 2006, Institut d'études de sécurité.
http://www.consilium.europa.eu/ueDocs/cms_Data/docs/pressdata/FR/discours/91188.pdf

Le problème central est que la Stratégie européenne reste floue sur les capacités militaires et les conditions de l'usage de la force. Pour Sven Biscop, l'UE devrait pouvoir répondre à la question suivante : quel est le nombre, l'ampleur, le type et le degré d'intensité des missions que l'UE souhaite pouvoir mener simultanément[1] ? L'Europe devrait également définir les limites géographiques des interventions et préciser la délimitation des responsabilités avec l'OTAN.

La SES ressemble ainsi davantage à un répertoire d'intentions, un texte consensuel approuvé par les 15 sans ligne claire. Pour renforcer l'opérabilité de la SES, des observateurs ont proposé que l'UE se dote chaque année d'une stratégie de défense qui pourrait concrétiser les objectifs de la stratégie.

La question sous-jacente est de savoir si l'on s'achemine vers une culture stratégique commune à laquelle appelle la SES. Celle-ci est définie par Nicole Gnesotto comme « un mode de pensée commun, une analyse cohérente, une culture stratégique commune qui serait européenne et qui transcenderait les différentes cultures et intérêts stratégiques nationaux[2] ».

Une certaine convergence peut se concevoir. Nous pouvons nous référer ici aux travaux de Bastian Giegerich. Pour définir ce qu'est une culture stratégique, Giegerich utilise le concept de milieu. Celui-ci est basé sur l'expérience historique de la société en question, qui génère des préférences. Ces préférences sont susceptibles de changer via l'intervention des élites et, particulièrement dans un contexte de crise perçu comme tel[3]. L'auteur montre que le développement de la PESD entraîne une plus grande convergence vers une culture stratégique commune. La PESD a un impact sur les politiques nationales même si

---

[1] « Vers l'intégration militaire en Europe ? », in Bernard Adam, *L'Europe, puissance tranquille*, op.cit., p. 123.
[2] Jolyon Howorth, *European Security and Defence Policy*, op.cit., p. 187.
[3] Bastien Giegerich, *European Security and Strategic Culture. National Responses to the EUs Security and Defence Policy*, op.cit., p 40. « The ideational milieu is based on a historically unique experience of a society, which generated persistent preferences that are only open to gradual change through policy-making elites, particularly in times of perceived crises. »

l'internationalisation des normes entre les membres d'une même institution peut varier[1]. « La maturation d'une culture stratégique commune aux Européens est un processus au long cours », note Bastien Irondelle[2].

Sans aller donc jusqu'à considérer avec Giovanni Grevi, la SES comme « une innovation institutionnelle majeure », la SES aura cependant apporté un socle doctrinal à la PESD, un fondement pour d'autres développements «de la gestion de crise en soutien au Nations-Unies et aux organisations régionales jusqu'à la mise en oeuvre d'un multilatéralisme efficace»[3].

Malgré les limites du document, il atteste « d'un effort de conceptualisation sur la gestion de la sécurité que la plupart des pays européens n'ont pas fait pour eux-mêmes», affirme Thierry Tardy[4]. Il formalise la spécificité de l'Union européenne en matière de gestion des crises : sa capacité à mobiliser un ensemble d'instruments relevant du civil et du militaire. Outil pour les autorités politiques, la SES élargit également les possibilités d'intervention au-delà des missions de Petersberg.

La Stratégie européenne de sécurité a été révisée en 2008. Le Conseil européen, réuni le 14 décembre 2007, encourage le Haut représentant « à prendre l'initiative en vue de doter l'Union d'une stratégie en matière de politique étrangère, de sécurité et de défense propre à relever les défis du XXIe siècle ». Il fallait aller plus loin que le texte de 2003.

Dans une interview à Europolitique, le 23 octobre 2008, Javier Solana admet que si « les menaces décrites en 2003 n'ont pas disparu. La prolifération des armes de destruction massive s'est accrue au Moyen-Orient, par exemple. Le contexte a changé depuis 2003 ». Certains problèmes méritent, selon

---

[1] Ibid, p. 11.
[2] « L'Europe de la défense à la croisée des chemins ? », *Critique internationale*, 2005.
[3] Giovanni Grevi, op.cit., p. 29. « The Iraq crisis triggered a major conceptual innovation, The European Security Strategy, that would become the roadmap for considerable policy developments, from crisis management to supporting UN and regional organisations in the pursuit of effective multilateralism ».
[4] Echanges de mails.

Solana, plus d'attention parmi lesquels : le changement climatique, la sécurité énergétique, la cybersécurité, les mouvements migratoires et les catastrophes naturelles.

Les conclusions du Conseil du 11 décembre 2008 comprennent ainsi un rapport sur la mise en œuvre de la Stratégie européenne de sécurité, intitulé « Assurer la sécurité dans un monde en mutation[1] ». Le processus a fait intervenir l'Unité politique du Conseil, des représentants des Etats membres, le Parlement européen ainsi que des experts au travers de séminaires organisés par l'Institut d'études de sécurité (IES)[2].

Le document dresse un bilan de l'action de l'Union européenne face aux quatre menaces qui avaient été identifiées dans la Stratégie européenne de sécurité de 2003 : la prolifération des armes de destruction massive, le terrorisme, la criminalité organisée et les conflits régionaux. Il est, par ailleurs, fait référence à trois nouveaux types de menace, la cybersécurité, la sécurité énergétique et le changement climatique et il mentionne la piraterie. Ce rapport est une avancée car il évoque la question des capacités de l'Union européenne, laissée en suspens dans la SES en 2003[3]. Mais ce n'est pas une révision en profondeur de la Stratégie européenne de sécurité, telle que souhaitée initialement par le Président de la République français, Nicolas Sarkozy[4]. Il s'agit plutôt d'une amélioration du document existant.

Un diplomate français avance que « très rapidement, il a semblé inutile d'entamer une révision complète du document stratégique. Il valait mieux en faire une simple actualisation. Des considérations de temps ont été prises en compte également. On voulait un résultat rapide. Il y avait les

---

[1] http://www.consilium.europa.eu/ueDocs/cms_Data/docs/pressData/fr/reports/104632.pdf
[2] Alvaro de Vasconcelos, « The European Security Strategy 2003-2008. Building on Common interests », Institut d'Etudes de sécurité, n°5, février 2009.
[3] Une déclaration sur le renforcement des capacités est annexée au document.
[4] Jean-Pierre Maulny, directeur adjoint de l'IRIS, « PESD, verre d'eau, à moitié vide ou à moitié plein ? ». Source: http://www.affaires-stratégiques.info

évènements en Géorgie en particulier. Et c'est vrai qu'une simple mise à jour était plus consensuelle parmi les 27 qu'une révision globale ». On peut également penser que Javier Solana, qui avait veillé, en 2003, à garder le processus en main pour ne pas en amoindrir la portée, se trouvait dans une position moins forte, arrivant en fin de mandat et, affaibli d'un point de vue politique[1].

Encouragé par les Etats membres, Solana a développé un cadre doctrinal pour l'Union européenne. « On constate un ralliement politique de l'ensemble des pays membres de l'UE et de la grande majorité des forces politiques européennes (démocrates-chrétiens et sociaux-démocrates) à cette politique d'intervention », estime Patrice Buffotot[2].

Pourquoi les Etats membres, décident-ils à ce moment-là, de réunir leur force au sein de l'UE pour construire la PESD ? Outre le dilemme de sécurité que nous avons mentionné en introduction, il y a aussi la conviction que détenir des capacités de projection renforce l'influence des Etats membres, ainsi que leur capacité de dissuasion, de coercition et, au final, leur propre sécurité. Il fallait aussi faire face à des risques de crise de déstabilisation régionale type Balkans[3]. C'est également une réponse au constat que les Etats sont plus forts agissant ensemble qu'unilateralement.

Cette orientation n'est pas on plus sans lien avec le discrédit dont souffre l'ONU depuis les années 1993-1994. Les pays membres de l'UE, début des années 1990, (en particulier la France et la Grande-Bretagne) avaient misé sur l'ONU pour résoudre le conflit yougoslave en s'engageant massivement dans la Force de Protection des Nations unies (FORPRONU). Son

---

[1] L'échec du Traité constitutionnel lui a porté un « coup fatal ». « Il a compris qu'il ne serait jamais ministre des Affaires étrangères de l'UE ». Entretien avec Philippe Setton, le 1er décembre 2009.
[2] Patrice Buffotot, « La mutation stratégique de l'Europe : de la territorialité à la stratégie d'intervention », *Ares*, n°48, Volume XIX, Fascicule 2, janvier 2002, p. 11.
Lire aussi Bastien Irondelle, « L'Europe de la défense à la croisée des chemins ? », *Critique internationale*, Presses de Sciences po., n° 26 2005/1.
[3] Seth Jones, *The Rise of European Security Cooperation*, op.cit., p. 182.

fiasco incite à un changement de stratégie. L'Union européenne est perçue comme le cadre privilégié pour mener des opérations de gestion de crises dans un contexte général à la régionalisation des opérations. Inscrire leur action dans un cadre européen est avantageux pour les Etats membres.

L'UE peut jouer un rôle de centralisation et de coordination. Elle permet de mutualiser les efforts. Elle est aussi source de légitimité et de neutralité. Elle offre enfin une structure et un savoir faire. Solana va pouvoir se saisir de cette demande forte émanant des Etats membres et de la légitimité apportée par la Stratégie européenne de sécurité.

Comme le résume Xymena Kurowska : « Solana affirme que le monde appelle à une Europe plus forte et plus sûre d'elle-même. L'Union européenne est préparée à y répondre parce qu'il existe maintenant une vision commune des menaces à laquelle l'Union européenne est confrontée[1] ». Solana va pouvoir s'appuyer sur la PESD pour légitimer l'expansion de ses compétences : c'est un coup institutionnel pour certains auteurs[2]. En 2004, au moment où l'UE lance ses premières operations de gestion de crise, le Haut représentant se voit d'ailleurs renforcé et ses orientations confirmées par la Constitution européenne.

La Constitution prévoit la création d'un poste de ministre des Affaires étrangères et européennes, cumulant les fonctions occupées alors par le Haut représentant et la Commissaire chargé des relations extérieures Benita Ferrero-Waldner : « c'est en quelque sorte reconnaître le travail accompli par Solana», affirme Philippe Setton[3]. Le Conseil européen de juin 2004

---

[1] Xymena Kurowska, « Solana Milieu: Framing Security Policy », *Perspectives on European Politics and Society*, 2009. « Solana asserts that the world around us cries for a stronger and more confident Europe. The EU is prepared to answer these calls because there now exists a common vision of the threats the EU faces together with appropriate response to them».
[2] Expression employée par René Schwok et Frédérik Mérand dans l'ouvrage *L'Union européenne et la sécurité internationale. Théories et pratiques*, op.cit., p. 19, faisant référence aux travaux d'Yves Buchet de Neuilly.
[3] Entretien, le 1er décembre 2009.

choisira d'ailleurs initialement Javier Solana pour occuper ce poste[1].

---

[1] Signé à Rome le 29 octobre 2004, le Traité établissant une Constitution pour l'Europe était destiné à remplacer les traités précédents. En 2005, le refus de la France et des Pays-Bas de ratifier la Constitution par référendum a sonné le glas de la Constitution. Le Traité constitutionnel signé à Lisbonne, en décembre 2007 et entré en vigueur le 1er décembre 2009, crée le poste de Haut représentant pour les Affaires étrangères et la politique de sécurité, traduisant une ambition moindre de la part des Etats membres.

Chapitre 4

Le Haut représentant face aux crises

« L'Union européenne a les responsabilités d'un acteur international majeur. Avec 25 Etats membres, près de 450 millions d'habitants, un quart du PNB mondial et près de 40% des exportations de marchandises et dotée de toute une série d'instruments : économique, juridiques, diplomatiques, militaire à sa disposition : c'est un fait indéniable[1] ».

Javier Solana, *The International Herald Tribune*, 30 août 2004

Afin d'évaluer l'action de Solana sur le terrain diplomatique qui fait l'objet d'un premier développement, nous nous appuierons sur deux études de cas : le processus de paix au Moyen-Orient et le dossier du nucléaire iranien, dans le traitement desquels Solana acquiert une certaine visibilité pour un résultat peut-être plus limité en termes d'influence.

Ce constat nous conduira à analyser dans un second temps le rôle qu'a eu Solana en matière de gestion des crises à proprement parler ; c'est-à-dire son implication dans les opérations civiles et militaires qui sont lancées à partir de 2003.

---

[1] « The EU has a responsability as a major international actor. With 25 member states, with over 450 million inhabitants, a quarter of the world's GNP and a round 40 percent of the world merchandise exports, and with a comprehensive array of instruments- economy, legal, diplomatic, military at our disposal, that is a statement of fact ».

1. Sur le terrain de la diplomatie traditionnelle

Le conflit israélo-palestinien : l'activisme de Solana

Le conflit israélo-palestinien est un dossier prioritaire pour l'Europe pour des raisons stratégiques et économiques[1]. L'UE a pris conscience que la situation au Moyen-Orient pouvait avoir des répercussions sur sa sécurité[2]. Cela explique l'importance que le conflit a pu occuper aux yeux du Haut représentant pour la PESC en dépit des faibles résultats obtenus par l'UE[3]. Le dossier a été qualifié « d'étalon de son statut d'acteur politique international[4] ».

L'Europe politique s'est affirmée à travers ce conflit. La Déclaration de Venise du 13 juin 1980 fixe les bases de la politique européenne dans la région : le droit à l'existence et à la sécurité pour tous les Etats de la région, y compris Israël, la reconnaissance des droits légitimes du peuple palestinien. Plus récemment a été ajoutée la nécessité d'établir un Etat palestinien viable, démocratique, pacifique et souverain sur la base des frontières de 1967[5]. Pour Dorothée Schmid, le conflit a joué un rôle catalyseur pour la mise en place de procédures

---

[1] 45% des importations de pétrole européennes proviennent du Moyen-Orient.
[2] Patrick Müller, « Les Etats-Unis, l'Europe et Annapolis : leçons pour le peacemaking au Moyen-Orient », *Politique étrangère*, IFRI, 2009/01.
[3] Patrice Bergamini, directeur adjoint du cabinet de Javier Solana, considère que ce dossier était l'un des plus importants pour lui, avec les Balkans. Entretien le 1er décembre 2009.
[4] Franck Petiteville, *La politique internationale de l'UE*, p. 58.
[5] Charles Gheur précise dans un article qu'en mars 1999, le Conseil européen de Berlin évoque « la possibilité d'un Etat palestinien ». Approche retenue par les Etats-Unis qui ont présenté au Conseil de sécurité la résolution 1397 en faveur d'un Etat Palestinien. «L'Union européenne face au conflit israélo-palestinien », *Etudes*, Septembre 2003.
Précisons par ailleurs à la suite de Franck Petiteville que les positions des Etats membres sur le conflit israélo-palestinien étaient à l'origine assez divergeantes. « Il faut bien mesurer le chemin parcouru par les Etats européens tout au long des années 1970 dans le cadre de la CPE et du dialogue euro-arabe ». Franck Petiteville, *La politique internationale de l'UE*, op.cit., p. 31.

diplomatiques communes au sein de la CEE puis de l'UE[1]. La mobilisation européenne est particulièrement forte depuis le début des années 1990 et les accords d'Oslo. C'est à partir de ce moment-là, en effet, que l'UE déploie des outils de l'action extérieure en terrain palestinien pour conforter le processus de paix et devient, en particulier, le principal pourvoyeur de fonds de l'Autorité palestinienne.

La PESC prend alors la relève de la CPE : un envoyé spécial Miguel-Angel Moratinos est nommé dès 1996 pour faciliter le rapprochement entre Israéliens et Palestiniens, auquel succèdera, en 2003, le diplomate belge Marc Otte, ancien ambassadeur de Belgique en Israël et ancien conseiller spécial de Javier Solana[2].

Avec la création du poste de Haut représentant pour la PESC, l'UE s'est « donnée les moyens d'une représentation diplomatique permanente », écrit Franck Petiteville[3]. Quelques mois après sa prise de fonction, en octobre 2000, Javier Solana sera d'ailleurs envoyé par les 15 au Sommet de Charm El-Cheikh où Israéliens et Palestiniens ont été invités à se rencontrer à la demande du président égyptien Hosni Moubarak[4].

À la suite du Sommet, le sénateur américain George Mitchell est appelé à présider un comité composé de cinq personnalités chargées d'examiner la crise israélo-palestinienne. Javier Solana en fait partie[5]. Le Haut représentant devient un interlocuteur

---

[1] Dorothée Schmid, « La politique palestinienne de l'UE entre les limites du soft power et impasses du réalisme », in René Schwok et Frédérique Mérand, op.cit., p. 208.
[2] Marc Otte a participé à l'élaboration de la Feuille de route.
[3] Franck Petiteville, *La politique internationale de l'UE*, op.cit., p.60.
[4] L'accord oral intervenu s'articule autour de la fin de la violence, la mise en place d'une commission d'enquête sur les affrontements et la reprise des négociations dans le cadre du processus de paix.
[5] Aux côtés de George Mitchell et Javier Solana figurent Suleyman Demirel, ancien président turc, Thorbjoern Jagland, ministre des Affaires étrangères de la Norvège à l'époque, Warren B. Rudman, ancien Membre du Sénat des Etats-Unis. Le Comité Mitchell produit un rapport en 2001 qui appelle les

crédible même si les Européens sont considérés par les Israéliens comme des interlocuteurs peu neutres, ayant épousé la cause des Palestiniens[1].

La position du Haut représentant est donc parfois délicate. En dépit des menaces israéliennes de couper tout contact avec les responsables étrangers qui rencontreraient Yasser Arafat, Solana s'est régulièrement rendu à Ramallah pour rencontrer le leader palestinien[2]. De même Solana est-il reçu par Ariel Sharon le 22 juillet 2004 alors que les vingt-cinq Etats membres de l'UE ont voté à l'unanimité la résolution de l'ONU demandant le démantèlement de la barrière de sécurité édifiée en Cisjordanie[3].

Le processus de paix s'enlise. Le sommet pour la Paix au Proche-Orient de Camp David (parfois surnommé Camp David II) réuni, en juillet 2000, dans la résidence de Camp David en présence de Bill Clinton, Ehoud Barak, Premier ministre de l'État d'Israël et de Yasser Arafat, président de l'Autorité palestinienne a été un échec.

En prenant l'initiative en 2003 d'établir une Feuille de route pour le Proche-Orient, élaborée par le Quartet (UE, Etats-Unis,

---

Israéliens à démanteler les colonies existantes, et presse les Palestiniens à restreindre leurs activités militantes. Le rapport est resté lettre morte.

[1] L'ambassadeur israélien auprès de l'UE a pu déclarer « l'UE en ignorant les responsabilités palestiniennes dans la spirale actuelle de la violence, mine sa propre crédibilité en tant qu'honnête médiateur ».

[2] Charles Gheur, « L'Union européenne face au conflit israélo-palestinien », *Etudes*, septembre 2003, op.cit.

[3] Solana confie à un journaliste d'Euronews au cours d'une interview accordée le 23 novembre 2009 : « j'avais une relation privilégiée avec Yasser Arafat, je pense qu'il avait confiance en moi. Et je pense que je suis pour quelque chose dans les bonnes choses qu'il a faites. Je parlais régulièrement avec lui, je lui ai rendu visite souvent même quand il était en état d'arrestation à la Moukata. Avec Ariel Sharon, au début, les relations étaient très mauvaises et, là encore, c'était une question de méfiance. Il ne me faisait pas confiance. Il pensait qu'étant européen, je ne pourrais pas être un ami d'Israël mais il a changé d'avis. Je me souviens de la dernière fois que je l'ai vu, avant son attaque, nous avons eu une longue conversation, et d'une certaine manière, pour quelqu'un comme Sharon, il s'est excusé auprès de moi, pour l'erreur qu'il a commise quand il m'a traité avec méfiance au départ ». Source : Site internet d'*Euronews*

Russie, Nations unies)[1], l'objectif de l'UE était de réengager les Américains dans la recherche d'une solution au conflit. Il a été endossé par les Israéliens, sous la pression américaine, comme les Palestiniens, le 25 mai 2003, et lancé officiellement le 4 juin au Sommet d'Akaba. Le gouvernement d'Ariel Sharon a cependant exigé sa mise en œuvre sous contrôle exclusif des Américains conduisant ainsi à la marginalisation des Européens.

Début mai 2003, Solana déclarait : « L'Union européenne fait partie du Quartet et suivra les développements de la Feuille de Route. Nous allons tous travailler ensemble pour que celle-ci soit mise en œuvre rapidement. Sa mise en œuvre est une préoccupation majeure. Tant de documents n'ont pas été mis en œuvre. J'aimerais que celui-ci, qui a reçu le soutien de la Communauté internationale, du président Bush, de l'UE, de la Russie, du secrétaire général de l'ONU, Kofi Annan, soit mis en œuvre rapidement. Nous avons l'opportunité de faire devenir réalité un rêve commun : celui de deux Etats vivant ensemble dans un voisinage où ils sont pleinement reconnus et vivent en paix ».

Lors de la Conférence des ministres des Affaires Étrangères du Partenariat Euro-Méditerranée, en Crète, en mai 2003, Javier Solana souligne que la Feuille de route « offre une opportunité à ne pas manquer. Elle demande beaucoup de détermination de la part des dirigeants israéliens et palestiniens. Elle a, à travers le Quartet, reçu le soutien de toute la communauté internationale. Il faut vite faire les premiers pas, en revenir à l'esprit de Barcelone. À cet égard, l'acceptation de la Feuille de Route par les deux parties, qui est maintenant confirmée, crée une dynamique très positive ».

---

[1] Constitué en 2002, le Quartet se veut le cadre essentiel des efforts internationaux visant à un règlement politique global de la crise au Proche-Orient. L'envoyé spécial du Quartet est actuellement Tony Blair. L'UE s'est vue attribuer une place dans le Quartet qui lui était difficilement reconnue auparavant en raison des réticences israéliennes et a choisi de se faire représenter de façon unitaire par Javier Solana.

La Feuille de route n'a pas pu être mise en œuvre. En janvier 2006, le Hamas est élu à la tête du gouvernement de l'Autorité palestinienne. Pour Dorothée Schmid, cet événement constitue « un tournant dans la politique palestinienne des Européens en 2006 » qui décident de suspendre l'aide au gouvernement[1]. Le Quartet formule plusieurs conditions pour la reprise de l'aide qui ne seront pas respectées : la renonciation à la violence, la reconnaissance d'Israël ainsi que des accords passés par l'OLP avec Israël, y compris la feuille de route. Sous égide américaine, la conférence d'Annapolis en novembre 2007 permet la reprise des pourparlers de paix[2].

Les Etats-Unis se sont posés en principal médiateur. Le processus d'Annapolis, pour l'instant dans l'impasse, a formulé trois objectifs : faciliter les négociations de paix, améliorer la situation en Cisjordanie contrôlée par le Fatah et renforcer la capacité à gouverner de l'Autorité palestinienne, saper le soutien populaire du Hamas pour affaiblir son contrôle sur Gaza. « N'ayant pas de rôle politique à Annapolis, l'UE s'est attachée, pour sa part, à créer un environnement favorable aux négociations, encourageant la reprise de l'économie palestinienne et renforçant la capacité de l'Autorité palestinienne à gouverner, en particulier en matière de sécurité civile », souligne Patrick Müller [3].

Quelques semaines après Annapolis, la France organise en effet, à Paris, une Conférence internationale des donateurs : 7,7 milliards de dollars sont promis pour aider l'Autorité palestinienne. Premier donateur dans la région, l'UE est d'un point de vue politique régulièrement éclipsée par les Etats-Unis.

Le constat de Robert Kagan est sans appel : « C'est vers les Etats-Unis et non l'Europe qu'Arabes et Israéliens se tournent pour réclamer soutien, assistance et une résolution

---

[1] Chaque Etat membre est cependant libre d'organiser, à sa guise, sa coopération bilatérale avec l'Autorité palestinienne.
[2] La Conférence d'Annapolis a été suivie par une Conférence internationale des donateurs pour l'Etat palestinien en décembre 2007.
[3] Patrick Müller, « Les Etats-Unis, l'Europe et Annapolis : leçons pour le peacemaking au Moyen-Orient », *Politique étrangère*, IFRI, 2009/1.

viable de leur conflit. Ainsi, toute la puissance économique du vieux continent ne semble pas aller de pair avec son influence diplomatique, au Moyen-Orient ou en quelque autre endroit où les crises ont une dimension militaire[1] ».

Cette affirmation semble pourtant devoir être nuancée. L'Europe a sans aucun doute acquis une visibilité et un statut d'acteur dans la région grâce à l'activisme de Solana[2]. Ses initiatives et déplacements sont commentés[3].

---

[1] Robert Kagan cité par Christian Franck, « L'émergence d'un acteur global : expansion géographique et renforcement institutionnel de l'action extérieure de l'UE », *Politique européenne*, février 2007, n°22.

[2] Jacques Chirac confirme la marge de manoeuvre dont dispose Solana dans ce dossier.
Répondant aux questions des journalistes lors du G8 à Evian en 2003, Jacques Chirac déclare : « Je crois savoir que Javier Solana, pour l'Europe, réfléchit à l'élaboration d'une feuille de route Syrie-Liban. Il est un fait que la feuille de route du Quartet n'évoque pratiquement pas ce problème et que, s'il y a une guerre entre Israël et les Palestiniens, il y a également une guerre entre Israël et la Syrie et le Liban. Et, par conséquent, il serait légitime, me semble-t-il, d'avoir une procédure de la même nature. Je crois que cela faciliterait les choses pour tout le monde. Notamment, cela donnerait une raison à la Syrie et au Liban de s'impliquer davantage. (…) Alors, cela n'est pas une initiative française, c'est une initiative éventuelle de l'Union européenne, portée par M. Solana. Et, s'il persiste dans cette idée, nous l'appuierons tout à fait ». Source : *site internet du G8.*
http://www.g8.fr/evian/francais/navigation/actualites/les_dernieres_actualites/ conference_de_presse_de_m._jacques_chirac_president_de_la_republique_-_2_juin_2003.html
Rappelons aussi l'intervention de Solana, en 2002, lors de l'occupation de l'Eglise de la nativité à Bethléem. De mars à avril 2002, Tsahal a mené l'Opération Rempart en Cisjordanie. Bethléem est occupé et les militants palestiniens poursuivis par Tsahal. Le 1er avril 2002, environ 200 militants palestiniens trouvent refuge dans l'église. Après 39 jours de siège, le 22 mai, un accord est conclu entre l'armée israélienne qui lève le siège et les palestiniens qui évacuent l'église et s'exilent en Europe et dans la bande de Gaza.

[3] En atteste l'impact qu'ont eu ses propos tenus en octobre 2009 devant « la Conférence présidentielle israélienne », qui réunit des politiques et des patrons de l'État hébreu. Le Haut représentant pour la politique étrangère et de sécurité commune déclare : « Israël permettez-moi de le dire est un membre de l'Union européenne sans être membre de ses institutions ». Jérusalem « est partie prenante à tous les programmes » des Vingt-sept. «Aucun pays hors du

Le Haut représentant publie régulièrement des déclarations sous forme de positions communes dans lesquelles l'UE condamne un attentat terroriste palestinien, la reprise de la colonisation, une attaque de Tsahal dans les territoires autonomes.

Pour Charles Gheur, « si ces belles paroles n'empêchent pas la situation de se dégrader, elles peuvent néanmoins constituer un frein dans la mesure où les dirigeants israéliens comme les palestiniens sont soucieux de leur image à l'étranger ».

Parallèlement, Javier Solana a lancé plusieurs actions PESD dans les Territoires.

Lancée en janvier 2006 sur proposition de Solana[1], EUPOL COPPS (Coordinating Office for Palestinian Police Support) est chargée d'aider à la réforme de la police civile palestinienne en appui au Bureau de coordination de l'aide à la police palestinienne.

A la suite du retrait israélien de Gaza annoncé à l'automne 2003, et achevé en septembre 2005, il s'agissait d'aider l'Autorité palestinienne à prendre en charge la sécurité des territoires désormais sous son contrôle[2]. Le résultat d'EUPOL COPPS est mitigé à ce stade. Si EUPOL COPPS a contribué à aider les forces de police de l'Autorité palestinienne à améliorer la sécurité, « la mise en place de dispositifs de

---

continent n'a le type de relations qu'Israël entretient avec l'Union européenne ».

[1] « The European Council endorses the short-term programme of action in the fields of security reforms, elections and economy proposed by the High Representative. It underlines in particular its readiness to support the electoral process in the Palestinian Territories. The European Council calls on the Palestinian Authority to organise elections in accordance with international standards under the authority of an independent electoral commission and calls upon Israel to facilitate these elections ».
Conclusions de la Présidence, 4-5 novembre 2005.
http://register.consilium.europa.eu/pdf/en/04/st14/st14292.en04.pdf

[2] D'un point de vue opérationnel, Javier Solana transmet les ordres au chef de mission par l'intermédiaire de Marc Otte.

police durables et efficaces sous gestion palestinienne », est loin d'être assurée[1].

Parallèlement, James Wolfensohn, chargé en avril 2005, par le Quartet pour le Proche-Orient d'aider au retrait israélien de Gaza, demande à l'UE en novembre de la même année de s'impliquer dans la surveillance du point de passage de Rafah.

Lancée en novembre 2005, EUBAM (European Union Border Assistance Mission) assiste l'Autorité Palestinienne dans sa gestion du terminal frontalier de Rafah entre Gaza et l'Egypte et veille au respect par l'Autorité palestinienne de toutes les règles et règlements repris dans l'Accord sur les mouvements et conditions d'accès au point de passage. Conclu par Israël et l'Autorité palestinienne à l'initiative de James Wolfensohn, cet accord a été négocié par la Secrétaire d'Etat Condoleeza Rice et par Javier Solana. La signature est intervenue en novembre 2005[2]. Le passage frontière étant fermé depuis 9 juin 2007, la mission a temporairement suspendu ses activités[3].

En lien avec le conflit israélo-palestinien, la guerre du Liban de l'été 2006 confirme l'engagement des Européens dans la région et démontre que les Etats membres ont du mal à inscrire leur action dans l'UE lorsque des intérêts nationaux importants sont en jeu.

L'UE condamne les attaques du Hezbollah sur le territoire israélien et les morts de civils occasionnées par les raids israéliens au Liban Sud. L'UE se déclare par ailleurs prête à contribuer à une force internationale. Comme le souligne Eric Remacle, « afin de ne pas apparaître totalement divisés comme

---

[1] http://www.europarl.europa.eu/meetdocs/2009_2014/documents/sede/dv/300/300909/300909factsheet_eupol_copps_7_fr.pdf

[2] Muriel Asseburg, « The ESDP Mission in the Palestinian Territories (EUPOL COPSS, EU BAM Rafah) : Peace through Security ? » in *The EU as a Strategic Actor in the Realm of Security and Defence*, SWP Research Paper, décembre 2009. Voir aussi la page consacrée à l'accord, qui n'a jamais été mis en œuvre, sur le site du ministère israélien des Affaires étrangères.
http://www.mfa.gov.il/MFA/Peace+Process/Reference+Documents/Agreed+documents+on+movement+and+access+from+and+to+Gaza+15-Nov-2005.htm

[3] La décision d'ouvrir le point de passage appartient à l'Egypte et l'Autorité palestinienne. Cette situation est notamment liée à la prise de pouvoir par le Hamas à Gaza en 2007.

durant la guerre en Irak, les Européens vont rivaliser d'ambiguïtés constructives durant tout le mois de juillet publiant des communiqués peu clairs mais unanimes, envoyant Javier Solana dans la région pour présenter leurs positions aux acteurs insistant sur les actions communes sur lesquelles il ne leur était pas difficile de s'entendre : dimension humanitaire, coordination des efforts militaires d'évacuation des ressortissants[1] ».

Après une tentative américano-israélienne d'impliquer l'OTAN, ce que plusieurs pays arabes et l'Iran ne peuvent accepter, les Français et Italiens proposent une contribution militaire décisive, permettant aux Nations Unies de renforcer la FINUL (Force des Nations Unies au Liban) stationnée depuis 1978 mais dont la présence n'avait nullement été dissuasive[2].

Pour Javier Solana, c'est un succès pour l'UE sur le plan diplomatique. Il peut déclarer:

« Depuis le début, nous avons été unis et constants dans notre approche, envers les actions du Hezbollah et le kidnapping de soldats israéliens, dans notre soutien au gouvernement libanais et notre solidarité envers le peuple libanais, dans nos efforts à New-york et ailleurs pour mettre fin à la violence, dans notre croyance ferme que seul un effort politique d'envergure pourrait traiter les causes sous-jacentes du conflit et plus encore dans notre volonté de fournir l'épine dorsale de la FINUL (…).

J'ai passé une grande partie de l'été à travailler sur cette crise. J'étais au Liban et en Israël quatre jours après le début des violences. Et j'étais de retour en août quand le Conseil de sécurité a adopté la résolution 1701. Les attentes en Europe étaient très fortes. Je pense que nous tenons nos engagements. Laissez-moi être clair sans l'Europe hier, il n'y aurait pas de FINUL renforcée et sans la FINUL, il n'y aurait pas d'espoir

---

[1] Eric Remacle, « L'Europe au Moyen-Orient : puissance civile ou militaire ? », Bernard Adam, *L'Europe, puissance tranquille ?*, 2007, p. 174, op.cit.
[2] Franck Petiteville, *La politique internationale de l'Union européenne*, op.cit., p 64. Par ailleurs, les Etats membres de l'Union européenne, membres du Conseil de sécurité, ont soutenu la résolution 1701, adoptée le 11 août 2006, sur la cessation du conflit.

pour une paix durable. Sans l'Europe demain soutenant le gouvernement libanais, il n'y aurait pas de réelle souveraineté. Nos actions au Liban ont renforcé notre position au plan régional. Le temps est venu de donner un nouvel élan sur la question qui est au cœur de la crise plus large au Moyen-Orient : le conflit israélo-palestinien[1] ».

Si l'UE a géré la guerre du Liban avec une certaine unité et rapidité, elle a bénéficié d'un contexte favorable : le relatif échec militaire de l'offensive israélienne et la détermination du Premier ministre libanais, dont le plan de sortie de crise est soutenu par les Etats arabes. « Si il y a eu évolution favorable, c'est que les zones de convergence entre européens étaient suffisamment fortes et partageaient un intérêt commun à la résolution du conflit », écrit-il.

Ce constat amène à relativiser un succès que l'on aurait pu attribuer aux structures de la PESC. Il ne faut créditer ni Javier Solana ni la Commission européenne « qui, certes, furent envoyés dans la région mais n'avaient pas l'autorité politique pour transcender les divergences européennes (…). Ils furent tout au plus les pièces subsidiaires d'un vaste puzzle dans lequel

---

[1] «From the beginning, we have been united and steadfast in our approach : toward the Hezbollah's actions and the kidnapping of the Israeli soldiers; in our support for the Lebanese government and our solidarity with the Lebanese people, in our efforts in New York and elsewhere to bring about an end to the violence; in our firm belief that only a broader political effort can address the underlying causes for the conflict; and most of all in our willingness to provide the backbone of the reinforced UNIFIL. I have spent the greatest part of the summer working on this crisis. I was in Lebanon and Israel just four days after the start of the violence. And I was back in August when the Security Council adopted Resolution 1701. Expectations on Europe were very high in the region, but also from our publics. I believe we are delivering. Let me be clear : Without Europe yesterday, no expanded UNIFIL and without UNIFIL no hope for a more lasting peace; without Europe tomorrow supporting the Lebanese government, no hope for a genuine sovereignty. Our actions on Lebanon have enhanced our regional standing. The time has come for a new push on the issue that lies at the heart of broader Middle East crisis: the Israeli-Palestinian conflict ». Discours du Haut représentant de l'UE pour la PESC, conférence annuelle de l'Institut d'Etudes de Sécurité de l'Union européenne, le 6 octobre 2006), Paris.
Source : http://www.europa-eu-un.org/articles/fr/article_6327_fr.htm

les diplomaties et les armées nationales des Etats membres se sont concertées grâce aux mécanismes institutionnels de consultation poussée que permet la PESC ».

Par ailleurs, il faut bien reconnaître que l'action militaire ne s'est pas inscrite dans la PESD mais sous commandement de l'ONU.

Le processus de paix au Proche-Orient démontre les limites d'une diplomatie à 27. Solana peut se faire le porte-parole des Etats membres, mais son impact reste très limité dans la mesure où l'Europe se positionne surtout sur le terrain économique de l'aide aux Palestiniens.

La gestion politique du dossier est, en réalité, laissée aux Etats-Unis. Pour Nicole Gnesotto, « il n'y a pas de réelle politique européenne[1] ». Ce dossier illustre d'ailleurs bien le fait que, dépourvu de marge de manœuvre, Javier Solana tente de gagner du terrain en lançant deux opérations de gestion de crise : EUPOL COPPS et EUBAM Rafah. Solana a également veillé à maintenir les canaux de communication et fait en sorte que le dialogue reste possible[2].

Le dossier du nucléaire iranien : Solana médiateur

L'adoption en 2003 d'une déclaration sur la non-prolifération lors du Conseil européen de Thessalonique a démontré l'importance que l'UE attache à la lutte contre la prolifération nucléaire[3]. La volonté de préserver le régime du

---

[1] Entretien, le 29 septembre 2009.
[2] Entretien avec un membre de son service de presse, Alan Pluckers le 9 octobre 2009.
[3] Au Conseil européen de Thessalonique du 19 au 20 juin 2003, les États membres s'engagent à poursuivre l'élaboration d'une stratégie communautaire cohérente visant à faire face à la menace des armes de destruction massive.
http://europa.eu/legislation_summaries/foreign_and_security_policy/cfsp_and_esdp_implementation/l33234_fr.htm.
L'importance de la lutte contre la prolifération est réaffirmée dans le Rapport sur la mise en œuvre de la Stratégie européenne de sécurité du 11 décembre 2008.

Traité de non-prolifération explique, notamment, l'engagement européen dans le dossier du nucléaire iranien. Il y a aussi le fait que l'Iran est un pays stratégique au Moyen-Orient et se trouve « au centre des intérêts géostratégiques internationaux[1] ». L'UE « joue sa crédibilité », avance également Mark Leonard[2].

Lorsque les Etats-Unis ont rompu tous liens diplomatiques avec l'Iran, l'Union européenne a maintenu ses contacts. L'Iran a toujours considéré l'UE comme un possible médiateur dans ses relations avec les Etats-Unis.

Un dialogue global (*comprehensive dialogue*) a été lancé en juillet 1998 axé sur des sujets d'ordre économique mais aussi sur des domaines de préoccupation pour les Européens (armes de destruction massive, droits de l'homme, terrorisme, politique iranienne à l'égard du Proche-Orient[3]).

Depuis 2002, un dialogue sur les droits de l'Homme a également été mis sur les rails parallèlement à la négociation d'un accord de commerce et de coopération. Mais le dialogue avec l'Iran sur ces différents aspects est actuellement au point mort depuis que l'AIEA a établi en juin 2003 que l'Iran « a omis de rendre compte de certains de ses activités nucléaires et

---

http://www.consilium.europa.eu/ueDocs/cms_Data/docs/pressData/fr/reports/104632.pdf

[1] L'Iran possède de grandes richesses énergétiques et contrôle le détroit d'Ormuz à travers lequel transitent environ 30% des flux pétroliers. Aymeri de Montesquiou, « Iran : le dialogue indispensable », *Revue internationale et stratégique*, 2008/2, n°70.
Aymeri de Montesquiou, « Iran : le dialogue indispensable », *Revue internationale et stratégique*, 2008/2, n°70.
[2] « Can EU diplomacy stop Iran's nuclear programme ? », Centre for European Reform, novembre 2005.
[3] Comme le rappelle Didier Billion dans son article «L'Iran, un partenaire essentiel », publié à l'été 2002 dans la *Revue internationale et stratégique*, les contentieux sont multiples entre les deux Etats : gels des avoirs iraniens aux Etats-Unis, embargos des exportations américaines vers l'Iran, sanctions opposables aux Etats tiers investissant dans les secteurs gazier et pétrolier iraniens, opposition absolue des Etats-Unis à tout projet d'oléoduc empruntant le territoire iranien.

n'a pas informé sur certains matériaux dont elle dispose » en violation de ses engagements[1].

La diplomatie européenne a cependant très vite tenté d'affirmer sa spécificité dans le dossier du nucléaire iranien et œuvré pour s'imposer comme un interlocuteur majeur face aux Etats-unis. Les approches européennes et américaines différaient dès le départ sur la conduite à tenir face à l'Iran. Les Etats-Unis souhaitaient la saisine du Conseil de sécurité dès 2003 tandis que les Européens souhaitaient privilégier la coopération avec l'Iran[2]. Comme le souligne Pierre Moscovici : « la diplomatie européenne a opté pour une approche qui privilégie un mélange d'incitations et de sanctions là où la diplomatie américaine définit une stratégie basée sur l'isolement et la menace implicite de l'emploi de la force militaire[3] ».

Pour l'UE, il fallait recourir aux instruments politiques et diplomatiques classiques « allant des traités multilatéraux aux contrôles des exportations en passant par des moyens de pression politiques et économiques[4] ». C'est dans cette perspective qu'il faut entrevoir la visite des ministres des Affaires étrangères allemand, britannique et français à Téhéran en octobre 2003 pour faire accepter par l'Iran la signature du

---

[1] http://www.iaea.org/Publications/Documents/Board/2003/gov2003-40.pdf
Pour rappel, l'Iran signe le traité de non-prolifération nucléaire (TNP) en 1968 et le ratifie en 1970. Le TNP permet aux États signataires de développer leur capacité nucléaire à usage civil s'ils permettent à l'Agence internationale de l'énergie atomique (AIEA) d'effectuer des inspections de leurs installations. Sous couvert de ce traité, un État peut développer une capacité nucléaire, qui peut ensuite être facilement détournée vers un usage militaire s'il se retire du traité. Pierre Jolicoeur, « L'Iran et la question nucléaire », *CEPES*, 15 septembre 2003.
[2] Steven Ekovich, « Les Etats-Unis, l'Europe et les crises au Moyen-Orient », *Géostratégiques*, n°15, septembre 2006. Voir aussi l'analyse de Walter Posch. Si la conduite à tenir face à l'Iran diffère, UE et Etats-Unis partagent un objectif commun : persuader l'Iran d'interrompre son programme nucléaire. « The EU and Iran : a tangled web of negotiations », *Cahiers de Chaillot*, n°89, mai 2006.
[3] Pierre Moscovici, « Quelle diplomatie européenne pour un Iran aux ambitions nucléaires ? », *La Revue internationale et stratégique*, n°70, été 2008.
[4] Abdelwahab Biad, « La lutte contre la prolifération des armes de destruction massive à la croisée des chemins », *AFRI 2004*, volume V.

protocole additionnel de l'AIEA (Agence Internationale de l'Energie Atomique) et la suspension de l'enrichissement de l'uranium. Ces trois pays prennent le leadership sur le dossier. « Les circonstances exactes dans lesquelles ces trois grands obtiennent leur mandat et dans quelle mesure la présidence italienne a joué un rôle n'est pas clair. Cependant, l'initiative a été lancée et appuyée par Javier Solana, le Haut représentant pour la PESC, et a été coordonnée via le Conseil avec les autres Etats membres », précise Walter Posh dans sa contribution au Cahier de Chaillot consacré à l'Iran[1].

Le protocole a effectivement été signé par la République islamique le 18 décembre 2003 mais n'a pas été ratifié. L'Iran revient sur ses engagements en juillet 2004. Le Conseil des gouverneurs de l'AIEA adopte alors une résolution présentée par les E3 et soutenue par les Américains par laquelle il est demandé à l'Iran de suspendre immédiatement ses activités d'enrichissement au 25 novembre 2004. L'Iran s'engage à nouveau à suspendre toutes les activités d'enrichissement par les Accords de Paris conclu en novembre de la même année. Un engagement désavoué en février 2005.

Cela ne décourage pas les Européens, qui souhaitent éviter le transfert du dossier au Conseil de sécurité, de continuer les négociations. Mais les multiples revirements de l'Iran conduiront le Conseil des gouverneurs, réuni en session extraordinaire, à adopter, le 4 février 2006, une résolution (proposée par l'UE) demandant au directeur de transférer le dossier du nucléaire iranien au Conseil de sécurité de l'ONU[2]. Une décision encouragée par l'élection de Mahmoud

---

[1] « The EU and Iran : a tangled web of negotiations », *Cahiers de Chaillot,* n° 89, op.cit.
[2] Entre-temps, le Conseil des gouverneurs de l'AIEA a adopté en septembre 2005 une résolution condamnant l'Iran pour avoir repris en août la conversion d'uranium dans l'usine d'Ispahan. La résolution permettait d'envisager un transfert ultérieur du dossier au Conseil de sécurité. Comme l'écrit Alain Gresh, le Président Ahmadinejad a fait du dossier nucléaire un élément essentiel de sa politique jouant sur la corde du nationalisme et de l'opposition à l'Occident. *Le Monde diplomatique*, « Tempêtes sur l'Iran », n°93, juin-juillet 2007

Ahmadinejad en août 2005 qui estompe les espoirs d'un accord avec l'Iran[1].

Ce revirement de la stratégie européenne a pu être interprété comme un alignement sur les positions américaines. « Une fois que les sanctions ont été votées, il reste aux Européens peu d'instruments propres pour maintenir la pression diplomatique sur le pays[2] », écrit Pierre Moscovici. Pour William O.Beeman, « les négociateurs européens ont perdu toute crédibilité[3] ».

Le 29 mars 2006, l'ONU adopte une résolution dans laquelle l'organisation appelle Téhéran à abandonner ses activités sensibles d'enrichissement de l'uranium et l'enjoint de se plier aux résolutions de l'AIEA[4]. Parallèlement, les négociations diplomatiques reprennent et c'est véritablement à partir de ce moment-là que Javier Solana (qui a déjà effectué de nombreux déplacements en Iran et entamé des contacts avec la Syrie[5]) est désigné pour négocier au nom des membres du Conseil de sécurité plus l'Allemagne. En juin 2006, il est mandaté par les cinq membres permanents du Conseil de sécurité des Nations Unies pour faire une nouvelle offre à Téhéran[6]. Elle restera lettre morte.

---

[1] Comme le souligne Aymeri de Montesquieu, l'objectif de M.Ahmadinejad est de faire appel au nationalisme des iraniens et permettre au pays de retrouver sa place privilégiée dans la région. Les déclarations provocatrices du nouveau président, le 26 octobre 2005 appelant à rayer Israël de la carte ont contribué davantage à détériorer les relations avec l'UE et les Etats-Unis.
[2] Pierre Moscovici, «Quelle diplomatie européenne pour un iran aux ambitions nucléaires? », op.cit.
[3] « Iranien challenges », *Cahiers de Chaillot*, op.cit., p. 97.
[4] http://www.un.org/apps/newsFr/storyF.asp?NewsID=12114&Cr=iran&Cr1=conseil
[5] Pour Eric Remacle, Solana a joué « un rôle compliqué et assez particulier » dans le dossier du nucléaire iranien. « Simultanément à ses pourparlers avec les négociateurs iraniens, il a développé également ses contacts avec les responsables syriens pour appliquer un plan visant à sortir la Syrie de son isolement ». Bernard Adam, *Europe, puissance tranquille : sécurité européenne : quelle identité ?,* Bruxelles, Complexe, 2006.
[6] L'offre des grandes puissances contient des mesures incitatives notamment en matière de commerce mais aussi une menace d'action devant le Conseil de

L'ONU adopte d'autres résolutions renforçant graduellement les sanctions à l'encontre de l'Iran : résolution 1696 du 31 juillet 2006, résolution 1737 du 23 décembre 2006, résolution 1747 du 24 mars 2007[1]. La résolution 1803, adoptée le 3 mars 2008, durcit les sanctions et rappelle, par ailleurs, la proposition faite par les Six à Téhéran en juin 2006, qui prévoit des coopérations dans le domaine du nucléaire civil et dans les domaines économiques et politiques à la condition que l'Iran accepte de suspendre ses activités nucléaires sensibles. Immédiatement après le vote, les cinq membres permanents du Conseil de sécurité, plus l'Allemagne, invitent Javier Solana, à rencontrer le principal négociateur iranien sur la question pour tenter de débloquer la situation[2]. Les négociations piétinent.

Javier Solana se rend à nouveau à Téhéran le 14 juin 2008, porteur d'une nouvelle offre au nom des cinq membres permanents du Conseil de sécurité de l'ONU et de l'Allemagne. La proposition comprend la reconnaissance du droit de l'Iran à développer la recherche, la production et l'utilisation de l'énergie nucléaire à des fins pacifiques et la normalisation des relations économiques et commerciales avec Téhéran. En échange, Téhéran doit se plier aux résolutions du Conseil de sécurité exigeant la suspension de l'enrichissement de l'uranium et une plus grande coopération avec l'AIEA. Une proposition restée une nouvelle fois sans réponse. Le 27 septembre 2008, le Conseil de sécurité adopte en conséquence la résolution 1835 qui rappelle à l'Iran ses obligations.

---

sécurité si l'Iran refuse de suspendre son enrichissement d'uranium. *Le Monde,* « Solana a remis une nouvelle offre à Téhéran », 6 juin 2006. Source: http://www.lemonde.fr/iran-la-crise-nucleaire/article/2006/06/06/nucleaire-iranien-solana-a-remis-une-nouvelle-offre-a-teheran_779937_727571.html

[1] Les résolutions prévoient des sanctions financières et commerciales, des restrictions sur les voyages, imposées à certaines personnalités, ainsi que des restrictions sur les échanges commerciaux avec l'Iran concernant des produits à usage civil et militaire.

[2] Le négociateur en chef du dossier nucléaire iranien, Ali Larijani, démissionne en octobre 2007. Il sera remplacé par Saïd Jalili. Ali Larijani avait été nommé par Mahmoud Ahmadinejad en remplacement de Hassan Rowhani.

Parallèlement, la République islamique transmet aux Six, le 9 septembre 2009, un paquet de propositions pour des négociations complètes et constructives. La porte-parole de Javier Solana, Christina Gallach déclare que « les propositions ne répondent pas aux questions concernant son programme nucléaire, le document portant plutôt sur le règlement des questions globales que sur la problématique nucléaire [1] ».

Le 21 septembre 2009, le gouvernement iranien adresse à l'AIEA à Vienne un courrier faisant référence à un nouveau site d'enrichissement près de la ville de Qom, plusieurs années après en avoir entrepris la construction. Sur la base de ces nouveaux développements, Javier Solana annonce qu'il rencontrera, avec les directeurs politiques des Six, le négociateur iranien, Saïd Jalili, le 1er octobre 2009. L'Iran indique son intention de coopérer avec l'AIEA sur le site de Qom avec une inspection de l'AIEA sur place à brève échéance. Une première inspection a eu lieu fin octobre. Les Six ont par ailleurs proposé que l'uranium faiblement enrichi en Iran soit exporté en dehors de ce pays, pour y être enrichi et transformé en combustible destiné au réacteur de recherche de Téhéran sous le contrôle et les garanties de l'AIEA. Cependant, le 18 novembre, le ministre iranien des Affaires étrangères, Mottaki, décline cette offre.

Le 27 novembre, le Conseil des gouverneurs de l'AIEA adopte et transmet au Conseil de Sécurité une résolution sur l'Iran. Cette résolution exhorte l'Iran à respecter ses obligations. Elle exige qu'il suspende les travaux sur le site clandestin de Qom et fournisse tous les accès et documents pour faire la lumière sur l'origine de ce site. Elle exige aussi que l'Iran confirme par écrit qu'il n'y a aucun autre site clandestin.

Ainsi, depuis la découverte des activités d'enrichissement d'uranium par l'Iran en 2003, le dossier du nucléaire iranien n'a pas évolué dans un sens décisif. L'Iran refuse toujours de suspendre ses activités d'enrichissement d'uranium malgré cinq résolutions du Conseil de sécurité de l'ONU. Et les dernières déclarations du négociateur iranien ne traduisent pas une

---

[1] *Ria Novosti*. Source : http://fr.rian.ru/world/20090914/123094060.html

volonté de répondre à l'offre onusienne[1]. Dans ce contexte, quels résultats inscrire au bénéfice de la diplomatie européenne et par ricochet de son négociateur Javier Solana? Le constat effectué par le président français Nicolas Sarkozy est sans appel : « Depuis 2005, la communauté internationale a appelé l'Iran au dialogue. Une proposition de dialogue en 2005, une proposition de dialogue en 2006, une proposition de dialogue en 2007, une proposition de dialogue en 2008 et une nouvelle en 2009. (…) Qu'ont amené à la communauté internationale ces propositions de dialogue ? Rien. Plus d'uranium enrichi, plus de centrifugeuses et de surcroît, une déclaration des dirigeants iraniens proposant de rayer de la carte un membre de l'Organisation des Nations Unies[2] ».

Pour Pierre Moscovici, on peut cependant concéder « de réels succès » à la diplomatie européenne. « Elle a permis de ralentir le développement de la technologie nucléaire en Iran (…). Elle a mis sur pied une coalition internationale large, incluant des pays en voie de développement vers lesquels l'Iran porte son regard comme l'Inde et a, au moins en partie, neutralisé les oppositions de la Russie et de la Chine[3]. Elle a fait évoluer la position des Etats-Unis (en 2005, Washington a accepté de soutenir la candidature de l'Iran à l'OMC et de vendre des pièces détachées au pays dans le domaine de l'industrie aéronautique) ».

---

[1] Saïd Jalili a assuré que Téhéran développait un programme nucléaire à des fins strictement civiles, et non militaires. Sur l'offre onusienne, « Saïd Jalili s'est contenté d'évoquer le souhait de Téhéran d'acheter son combustible nucléaire à l'étranger ».
Source : *La Tribune*
http://www.latribune.fr/depeches/associated-press/nucleaire-le-negociateur-iranien-demande-l-interdiction-de-l-arme-atomique-2.html
[2] Déclaration du président Sarkozy à l'occasion d'une réunion du Conseil de sécurité le 24 septembre 2009 consacrée au désarmement et à la non-prolifération.
[3] Dès le début, l'Iran a essayé de mobiliser les pays développés en accusant les Européens et les Américains de chercher à imposer un « apartheid nucléaire ». Mark Leonard, « Can EU diplomacy stop Iran's nuclear programme? », op.cit.

Une telle appréciation est confirmée par Marl Leonard, chercheur au CER (Centre for European Reform) qui appelle l'Union européenne à poursuivre ses efforts[1].

Cependant, rien ne prouve véritablement l'efficacité de la démarche européenne. Certains pourront même interpréter l'implication des Américains dans les négociations comme un moyen « de faire porter aux Européens la responsabilité d'un échec des négociations avant de s'y aventurer avec des méthodes plus musclées », relève Steven Ekovitch[2]. L'UE ne sera pas parvenue à infléchir l'Iran reconnaît le plus proche conseiller de Solana, Robert Cooper. «Javier Solana a cependant eu le mérite d'être resté un interlocuteur pour Téhéran quand les Etats-Unis n'en étaient plus un », estime Danier Korski, analyste au ECFR[3].

À une question d'un journaliste d'Euronews : « vous avez joué un rôle très important en tant que médiateur dans le dossier du nucléaire iranien. À votre avis, que va-t-il se passer maintenant ? », Javier Solana reconnaît, au cours de l'interview accordée le 23 novembre 2009, que la solution est peut-être à trouver du côté américain : « Nous devons continuer à obtenir des garanties objectives que le programme nucléaire iranien est pacifique, c'est fondamental. Avoir la possibilité d'augmenter les risques, d'augmenter la prolifération dans la région, ce serait dramatique. Nous devons restaurer la confiance. C'est pourquoi la position du président Obama, ce qu'il a écrit, ce qu'il a dit dans son discours du nouvel an, le nouvel an iranien, était très important. Le fait que les Etats-Unis ont pleinement participé à ces négociations, je pense que c'est important[4] ».

Le dossier du nucléaire iranien permet de tester la valeur ajoutée du poste de Solana. Les négociations sont actuellement toujours au point mort. Le Rapport sur la mise en œuvre de la Stratégie Européenne de sécurité adopté en décembre 2008, se

---

[1] Ibid.
[2] « Les États-Unis, l'Europe et les crises au Moyen-Orient », *Géostratégiques*, n° 15, septembre 2006.
[3] http://www.esharp.eu/Web-specials/So-long-Solana
[4] Source : site internet d'Euronews.

limite à constater que l'offre de Solana est toujours sur la table[1]. La visibilité de Solana ne s'est pas traduite en termes d'avancées sur le dossier. Il est vrai que son impuissance est moins liée, cette fois, à des divergences politiques fortes au sein de l'UE qu'à des facteurs exogènes (radicalisme de l'Iran, refus de coopérer...).

---

[1] « Depuis 2003, l'Iran est une source d'inquiétude croissante. Le programme nucléaire iranien a fait l'objet de résolutions successives du Conseil de sécurité des Nations unies et de l'AIEA. Le développement par l'Iran d'une capacité militaire nucléaire constituerait une menace inacceptable pour la sécurité de l'UE. L'Union a suivi une double approche, combinant le dialogue et une pression accrue, en coordination avec les États-Unis, la Chine et la Russie. Le Haut Représentant a présenté une offre ambitieuse à l'Iran afin de restaurer la confiance et de lui permettre de renouer le dialogue avec la communauté internationale. Une éventuelle poursuite du programme nucléaire iranien dans ce contexte accroîtrait la nécessité de mesures supplémentaires à l'appui du processus mené dans le cadre des Nations unies. En parallèle, nous devons œuvrer à l'édification de la sécurité régionale avec les pays de la région, y compris les États du Golfe. » Source:http://www.consilium.europa.eu/ueDocs/cms_Data/docs/pressData/fr/reports/10 4632.pdf

2. L'implication du Haut représentant dans les opérations de gestion des crises

> « Je suis très préoccupé par le rythme avec lequel les déploiements arrivent sur le terrain parce que j'ai vécu cela. J'étais secrétaire général de l'OTAN quand nous avons déployé les premières troupes en Bosnie à la fin de l'année 1995, début 1996. Si nous avions dû attendre l'ensemble des éléments, jusqu'à la dernière lettre du document informant d'une première initiative de l'OTAN d'entreprendre une opération de maintien de la paix, cette opération n'aurait probablement jamais eu ni de début ni de fin. Il était de notre devoir de dire : « allons-y, faisons-le, nous sommes capable de le faire ». Et si nous n'étions pas allés à ce moment-là, mais plus tard, la catastrophe que nous voulions combattre aurait été plus difficile à arrêter. Ou alors il aurait été inutile de chercher à l'arrêter parce qu'ils se seraient entretués et la reconstruction aurait été plus difficile… ».
>
> **Javier Solana, Chambre des Lords, 2004**[1]

Dans le domaine diplomatique, la marge de manoeuvre de Solana est plus que limitée. C'est véritablement dans la gestion des crises, avec le lancement de 23 opérations civiles et militaires, que le bilan de Solana est le plus significatif. Il peut dire d'ailleurs : « Je suis le premier à croire à la force de la diplomatie des mots mais aussi à l'action. Je suis aussi, vous le savez bien, le premier à défendre l'engagement civil et militaire

---

[1] « I am very obsessed by the rythm in which deployments out there can arrive because I have seen this experience. I was secretary general of NATO when we deployed in late 1995/early 1996 the first troops to Bosnia and I had to take a decision collectively (…). If we had waited to have all elements until the last letter of the document for the first time that NATO was going on to do a peacekeeping operation resolved and understood, it probably would be still without finish or without a start. We had to say : « let's go, let's do it, we will be able to do it, we have the spirit » and, if we had not gone then, by the time we arrived, the catastrophe that we claimed we wanted to stop would have been more difficult to stop or woud have been unnecessary to stop because they had killed each other and the reconstruction would have been more difficult, etc. »

de l'Union européenne[1] ». Cependant, la volonté de Solana n'est pas suffisante. Il doit composer avec les Etats membres qui, comme nous le verrons dans les études de cas, sont la plupart du temps à l'initiative d'une opération (et en particulier les grands Etats membres). La dernière opération lancée par l'UE pour lutter contre la piraterie ne fait d'ailleurs pas exception.

Nous avons choisi ici de nous concentrer sur trois opérations : ARTEMIS (RDC), EUFOR ALTHEA (Bosnie), EUFOR Tchad RDC. Chacune d'elles ont représenté à leur manière une opération charnière, et ont permis de faire avancer la PESD. Elles illustrent bien aussi le rapport qu'entretient Solana vis-à-vis des Etats membres et le rôle que celui-ci est amené à jouer au final.

ARTEMIS RDC, première opération hors d'Europe (2003)

Artémis est la première opération militaire lancée hors d'Europe. Elle fait suite à la sollicitation du secrétaire général de l'ONU à un Etat membre. Bastien Giegerich peut affirmer que l'UE a franchi le Rubicon en matière de gestion des crises militaires[2]. ARTEMIS est par ailleurs une opération autonome de l'UE, sans recours aux moyens de l'OTAN.

La France réussit à convaincre certains partenaires plus que réticents et convainc même l'Allemagne dont l'ambassadeur avait déclaré au Comité politique et de sécurité (COPS) : « over my dead body, there will not be any operation in Africa», à partager certaines responsabilités[3]. L'Allemagne considérait que la France instrumentalisait l'UE pour mener à bien ses objectifs stratégiques. Pour lever les obstacles, Solana va demander à Ban Ki Moon de solliciter également l'Union

---

[1] http://www.consilium.europa.eu/ueDocs/cms_Data/docs/pressdata/FR/discours/91188.pdf
[2] Bastian Giegerich, *European Security and Strategic Culture. National Responses to the EU's Security and Defence Policy*, op.cit., p. 20.
[3] Yves Buchet de Neuilly in *L'Union européenne et la sécurité internationale*, op.cit., p. 84.

européenne. Ce qui fait plier l'Allemagne, mais aussi la Grande-Bretagne qui avait également levé des objections[1].

Mais globalement, d'un point de vue opérationnel, la France conduit l'opération Artemis « pratiquement toute seule », précise Denis M.Tull[2]. C'est pourquoi, en décembre 2005, lorsque Jean-Marie Ghehénno, alors Secrétaire général adjoint aux opérations de maintien de la paix, sollicite la présidence britannique du Conseil pour une force européenne venant en appui à la Mission d'observation en République démocratique du Congo (MONUC) dans le contexte des élections, il est impossible que la France dispose à nouveau du leadership[3].

L'avantage pour la France était de réduire les risques d'accusation d'ingérence néocolonialiste[4]. Pour la France, une

---

[1] Christoph O. Meyer, *The Quest for a European Strategic culture*, op.cit., p. 134.
[2] Denis M.Tull, « EUFOR RD Congo, A Success, But Not a Model», in *The EU as a Strategic Actor in the Realm of Security and Defence? A systematic Assessment of ESDP Missions and Operations,* op.cit.
[3] Pascal Boniface, « Les opérations militaires extérieures », *Pouvoirs*, 2008/2, n°125. L'UE va lancer une autre opération en République démocratique du Congo en 2006 en appui de l'ONU (MONUC). L'opération vise à instaurer un environnement sécuritaire pour une période allant jusqu'à quatre mois suivant les élections. L'action commune est adoptée par le Conseil de l'UE, le 27 avril 2006. Eufor RDC débute en avril 2006 et s'achève en novembre de la même année. Cette opération est mandatée par la résolution 1671 adoptée sous le Chapitre VII par le Conseil de Sécurité des Nations Unies, le 25 avril 2006. Cette intervention se situe dans la continuité des missions militaires et de police qui ont été menées (missions ARTEMIS, EUPOL KINSHASA et EUSEC RD CONGO) afin de soutenir la transition en RDC. En 2006, la France et l'Allemagne fournissent à peu près le même nombre d'hommes et se partagent le commandement (quartier général à Postdam sous commandement allemand, quartier général opérationnel à Kinshasa sous commandement français). A ce sujet, consulter également l'article de Frédéric Mérand et Haingo Mireille Rakotonirina, « La force européenne au Tchad et en Centrafrique : le baptême du feu », *Politique africaine*, juin 2009. Les auteurs affirment que la France a apporté un soutien décisif à la fois logistique et humain aux deux interventions militaires en RDC en 2003 et 2006.
[4] Comme le souligne Jean-Marc Châtaigner, «la France n'entend plus, comme elle le faisait auparavant, intervenir seule mais souhaite s'assurer des appuis régionaux et internationaux dont l'UE». « Principes et réalités de la politique

opération européenne donne une plus grande légitimité et permet de réduire les coûts[1]. Par ailleurs, ce type d'opération permet une montée en puissance de la PESD ; ce qui est un objectif prioritaire pour la France.

Artémis constitue un terrain d'essai pour la PESD qui, pour la première fois, se déploie sur une grande distance et sans recours aux moyens de l'OTAN. Artemis est, en effet, la première opération autonome, entièrement placée sous contrôle européen sans recours aux arrangements de Berlin plus. Artémis est aussi un exemple de travail en commun pour l'UE et l'ONU.

Niagalé Bagayoko peut écrire : « la sollicitation formulée par les Nations unies a démontré que l'UE commence à être considérée sur la scène internationale comme un acteur de sécurité à part entière. Réciproquement, le mandat du Conseil de sécurité a assuré une indéniable légitimité à l'opération et permis de convaincre certains Etats membres initialement réticents[2] ».

Artémis a été mise en œuvre par une décision du Conseil[3], à la suite de la résolution 1484 du Conseil de sécurité, adoptée le 30 mai 2003. La mission ARTEMIS assure la relève entre deux interventions des Nations unies entre juin et septembre 2003.

La force déployée sur le terrain, composée d'environ 2000 soldats, comprenait majoritairement des troupes françaises[4]. L'Italie, la Grande-Bretagne, la Suède et trois pays tiers :

---

africaine de la France», *Afrique contemporaine*, De Boeck Université, 2006/4, n°220.

[1] Christoph O.Meyer, *The Quest for a European Strategic Culture, Changing Norms on Security and Defence in the EU*, op.cit., p. 134.

[2] « L'opération Artémis, un tournant pour la PESD ? », *Afrique contemporaine*, n° 209, 2004, pp. 101-116. Pour certains Etats membres, la priorité de la PESD restait l'espace européen élargi.

[3] http://eurlex.europa.eu/LexUriServ/LexUriServ.do?uri=OJ:L:2003:147:0042:0042:FR:PDF

[4] Pour Yves Boyer, auteur d'un article sur « Les opérations militaires et de police de l'UE » dans l'*AFRI*, cela s'explique par le fait que « l'opération avait été conçue comme devant être essentiellement française ». Les préparatifs d'intervention avaient ainsi été préalablement établis par les Français.

Canada, Brésil et Afrique du Sud ont envoyé des soldats. L'Allemagne et la Belgique ont apporté un soutien logistique.

L'objectif était de sécuriser la ville de Bunia, en Ituri (nord-est de la RDC), le temps que les casques bleus de la Force multinationale intérimaire d'urgence puissent s'y déployer en coordination avec la MONUC[1]. L'opération s'achève le 1er septembre 2003.

L'UE a dû se déployer rapidement. Il était évident que les procédures habituelles (définition du concept de gestion de crise, identification des options militaires stratégiques, diffusion de la directive initiale militaire), trop lourdes, n'étaient pas adaptées à une réponse rapide. Les organes de l'UE se sont montrés flexibles. Un unique document (document cadre pour une réponse de l'UE à Bunia) a regroupé concept de crise et option stratégique et la France, nation-cadre, a joué un rôle important dans l'élaboration du concept d'opération. Il n'y pas eu de diffusion de Directive initiale[2].

C'était la première fois qu'un quartier d'opération multinational (OHQ) était mis en place. Le concept de nation-cadre s'est montré adapté à une intervention marquée par l'urgence peut-être au-delà du souhaitable puisque la France a été quasi seul contributeur et que le rôle du Secrétariat général a été lui aussi limité.

D'un point de vue opérationnel, le bilan est globalement positif[3]. L'opération Artemis s'est révélée fondatrice pour la PESD, qui jusque-là n'avait pas été testée au-delà des Balkans, consacrant la possibilité pour l'UE d'élargir son champ d'intervention.

L'UE a passé le relais à l'ONU sans incident majeur. L'UE a montré qu'elle pouvait agir de concert avec les Nations unies. Le Colonel Xavier de Woillemont, qui a commandé les troupes à Bunia, témoigne que « le cadre politique clair a été ressenti,

---

[1] http://www.un.org/french/peace/peace/cu_mission/monuc/rs.htm
[2] « Vers une Union opérationnelle ? Artémis », *Défense nationale*, mai 2004.
[3] James Dobbins, *Europe's Role in Nation's Building: from the Congo to Balkans*, Rand, 2008, op.cit..

jusqu'au niveau du soldat, comme très rassurant (…). J'obéis à mon pays, j'agis sous le pavillon de la communauté que s'est choisie mon pays et la communauté internationale me donne son accord[1] ».

Le général français Bruno Neveux, qui commandait l'opération depuis Paris, a donné la priorité au contact direct avec l'ONU en RDC et à New-York pour permettre une bonne coordination des actions et faciliter le relais entre UE et ONU tandis que le général Jean-Paul Thonier qui dirige la force à partir d'Entebbe en Ougana a maintenu un contact direct avec la MONUC[2].

La relation UE-ONU sera d'ailleurs formalisée, le 24 septembre 2003 dans une déclaration commune des deux organisations, instituant des mécanismes de consultation et de coordination. « L'UE est déterminée à renforcer sa coopération avec les Nations Unies pour ce qui est d'aider les pays sortant d'un conflit et à fournir un soutien accru aux Nations unies dans le cadre de la gestion de crises à court terme[3] ». Le renforcement de la coopération UE-ONU sera aussi affirmé dans la Stratégie européenne de sécurité de 2003, qui fait du « multilatéralisme efficace » un concept majeur.

Artémis a révélé des déficits capacitaires importants et, en particulier, relève Niagale Bagayoko, des carences en matière de recueil et de partage de renseignements stratégique, opérationnel ou politique, la vétusté de certains équipements, le manque de standardisation des communications.

Artémis a aussi démontré la difficulté à projeter des forces sur une longue distance. L'expérience en RDC encourage le développement du concept des groupements tactiques.

La nécessité de disposer de forces de réaction rapide spécialisées et rapidement déployables sur des théâtres lointains (à l'image des *NATO Response Force*), objectif d'ailleurs repris

---

[1] Stéphane Pfister, op.cit., p. 91.
[2] James Dobbin, *Europe's role in Nation-Building*, Rand, 2008, p. 115.
[3] Texte téléchargeable à l'adresse suivante :
http://www.consilium.europa.eu/showPage.aspx?id=266&lang=fr

dans la Stratégie européenne de sécurité, a ainsi été insérée dans un nouvel objectif fixé par l'UE en matière militaire : l'Objectif global 2010 (*Headline Goal 2010*[1]) à l'initiative des Français et des Britanniques[2]. L'Allemagne s'est ralliée à cette proposition. Un document conjoint sur « le concept des groupements tactiques » a été présenté, et diffusé, par les trois pays au COPS le 10 février 2004[3]. Ce sont des forces composées chacune de 1500 hommes. Ils n'ont jamais été utilisés à ce jour notamment parce que l'unanimité est nécessaire pour leur déploiement[4].

En décembre 2008, l'appel de Ban-Ki Moon à une intervention de l'UE en RDC face à la dégradation de la situation est resté sans réponse malgré l'insistance de Javier Solana. Ses propositions sont rejetées par les ministres des

---

[1] Cf la Stratégie européenne de sécurité (SES). « Pour transformer nos armées en forces plus flexibles et mobiles et pour leur permettre de faire face aux nouvelles menaces, davantage de ressources pour la défense et une meilleure utilisation des moyens sont nécessaires ».

[2] Sommet bilatéral, Londres, 24 novembre 2003.

[3] Les trois idées-forces sont l'interopérabilité (qui doit être recherchée avec l'ONU mais aussi l'OTAN, l'OSCE, le Conseil de l'Europe), la capacité de projection et la capacité à durer. L'objectif global 2010 envisage la création des groupements tactiques (battle groups) qui doivent être en mesure d'intervenir rapidement en soutien à des opérations des Nations Unies. Ils sont opérationnels en 2007.
Cf la Déclaration commune UE-ONU en matière de gestion de crise (2007). « With EU Battlegroups fully operational, the EU has improved its capacity for crisis management operations requiring a military rapid response. The EU Battlegroup Concept also provides for the possibility of EU-led Crisis Management Operations being deployed in response to requests form the UN Security Council, under a UN mandate where appropriate ».
http://www.consilium.europa.eu/uedocs/cmsUpload/EU-UNstatmntoncrsmngmnt.pdf

[4] Le général Henri Bentegeat, président du Comité militaire de l'UE de 2006 à 2009 confirme la réticence de certains membres à recourir aux groupements tactiques. « On ne les a pas déployés. Et le problème posé par les Suédois, c'est de savoir si on peut continuer à préparer ces *battlegroups,* ce qui coûte une fortune, et à les mettre en alerte, si on ne les utilise jamais. Il faut augmenter leur probabilité d'emploi (…). Je suis convaincu que les *battlegroups* seront déployés. (…). Il y a ce que j'appelle moi le bon sens, qui correspond à des situations non prévues dans le concept». « UE/Défense : le général Bentégeat dresse le bilan de trois ans de PESD », *Europe Diplomatie et Défense*, 5 novembre 2009.

Affaires étrangères illustrant là encore la faible position du Haut représentant en cas de divergences entre les Etats membres ou simple réticence des 27[1].

En lançant ARTEMIS, l'UE montre qu'elle peut être un partenaire crédible pour l'ONU et qu'elle est disposée à s'engager sur des théâtres d'opération extérieurs. C'est un signal positif pour la PESD. On peut toutefois souligner que le mandat d'Artemis est relativement limité. Bien qu'intervenant dans un contexte risqué, il ne s'agit pas d'une opération de grande envergure. Par ailleurs, en dépit d'un engagement financier important en RDC et de la présence d'un représentant spécial de l'UE, depuis 1996, pour la région des Grands Lacs, l'UE n'a pas défini de stratégie politique pour le pays, traduisant la difficulté à concilier les volets diplomatiques et opérationnels. La difficulté à faire émerger une approche globale (un trait qui se retrouve aussi dans d'autres opérations) affaiblit l'action du Haut représentant qui, sur ce dossier, est resté très à l'écart.

---

[1] Le Haut représentant pour la PESC présente aux ministres des Affaires étrangères de l'UE réunis le 11 décembre 2008 un document fournissant des éléments de réponse « technique, humanitaire et politique », dont l'envoi de « groupements tactiques ». Dépêche de l'AFP publiée sur le site du Figaro. http://www.lefigaro.fr/flash-actu/2008/12/11/01011-20081211FILWWW00641-rdc-l-ue-va-examiner-plusieurs-options.php

ALTHEA en Bosnie-Herzégovine : l'enjeu de la coordination (2004)

L'Union européenne a déployé deux missions en Bosnie-Herzégovine, l'une civile, la Mission de police de l'Union européenne et une autre militaire, ALTHEA, le 2 décembre 2004, qui prend le relais de l'OTAN, présente dans le pays depuis 1995[1].

L'implication croissante de l'UE dans la région vise à répondre au souhait de désengagement exprimé par les Américains. Les Balkans ont, par ailleurs, toujours constitué une priorité pour l'Europe. La Stratégie de sécurité européenne souligne l'importance de stabiliser la périphérie « l'étranger proche », en premier lieu les Balkans. C'est toutefois la France qui est à l'initiative de l'opération afin de prouver aux Américains « que l'UE peut agir seule ». La proposition française sera soutenue par l'Allemagne[2].

Il faudra cependant encore dépasser les divergences d'approche entre Français et Britanniques sur la présence américaine en Bosnie. Le compromis final prévoit que les Etats-Unis gardent un rôle résiduel avec la présence d'une force de 250 hommes sur place affectée principaement à la réforme de la défense. Par ailleurs, c'est le général britannique David Leakey, qui est nommé pour prendre le commandement de la force.

Tout comme l'opération CONCORDIA en ex-République Yougoslave de Macédoine, la force de l'Union européenne (Force européenne EUFOR ALTHEA) bénéficie des

---

[1] Action commune du 12 juillet 2004 disponible à l'adresse suivante : http://eurlex.europa.eu/LexUriServ/LexUriServ.do?uri=OJ:L:2004:252:0010:0014:FR:PDF
Du côté du Conseil de sécurité: résolution 1551 du 9 juillet 2004 et 1575 du 22 novembre 2004. http://www.un.org/french/docs/sc/2004/cs2004.htm
[2] Marco Overhaus, « Operation Althea and the EU Police Mission in Bosnia and Herzegovina : Implementing the Comprehensive Approach », *The EU as a Strategic Actor in the Realm of Security and Defence ?*, SWP Research Paper, décembre 2009.

arrangements dits de « Berlin+ ». C'est le Commandant suprême adjoint des Forces alliées en Europe (D-SACEUR) qui assure le commandement de l'opération ALTHEA. Un état-major d'opération (EMO) de l'UE a été installé au SHAPE à Mons.

L'intérêt d'étudier ALTHEA est que la mission, déployée en même temps que la MPUE, pose la question du développement des synergies entre les volets civil et militaire de la gestion européenne des crises, considérée nous l'avons vu, comme un enjeu majeur par Javier Solana depuis le lancement de la PESD[1]. ALTHEA intervient dans un contexte de présence internationale forte où la coordination devient un enjeu majeur. Si ALTHEA n'est pas la première opération militaire de l'UE, elle est relativement ambitieuse.

L'opération mobilise plus de 7 000 hommes originaires de trente-trois pays, dont vingt-deux Etats-membres de l'UE, soit le plus grand déploiement de troupes dans le cadre de la PESD[2]. Il faut dire que l'UE en 2004 souffe d'un déficit de crédibilité en Bosnie et qu'elle devait convaincre que le changement de casquette n'impliquait pas un affaiblissement en termes de dissuasion. Il fallait donner un haut profil à cette mission.

Il s'agit d'une opération assez complexe compte tenu de la situation politique et institutionnelle de la Bosnie-Herzégovine[3].

« La transition entre la SFOR (Force de stabilisation de l'OTAN-initialement appelée *Implementation force* IFOR) et EUFOR représente un défi du point de vue de la coordination EU/OTAN et de la crédibilité des militaires européens »,

---

[1] Un autre exemple de déploiement d'une mission civile et militaire est la République démocratique du Congo mais ce déploiement n'a pas été effectué simultanément.
[2] A comparer aux 400 hommes de l'opération CONCORDIA.
[3] Pour rappel, la Bosnie-Herzégovine est composée de deux entités : la Fédération croato-musulmane, elle-même divisée en dix cantons (cinq bosniaques, trois croates et deux « mixtes ») et la République serbe.

affirme Nadège Ragaru[1]. Elle se déroule sans problèmes majeurs[2].

L'opération est soumise à des dispositions identiques à celles de la SFOR. Menée en vertu du chapitre VII de la Charte des Nations unies pour une période initiale de 12 mois, elle est en droit de prendre des mesures coercitives pour assurer l'application des Accords de Dayton ou sa protection. L'Action commune précise son mandat. L'opération devra jouer « un rôle dissuasif » et contribuer « au climat de sûreté et de sécurité indispensable à la réalisation des tâches prévues dans le plan de mise en œuvre de la mission du bureau du Haut représentant et dans le cadre du Processus de stabilisation et d'association [3] ».

Comme le précise Nadège Ragaru : « lors de la première mention du projet de force européenne de stabilisation par le Haut représentant pour la politique étrangère et de sécurité commune de l'UE, Javier Solana, devant le Conseil Affaires générales et relations extérieures du 23 février 2004, il avait été envisagé que l'Union européenne se limite à la gestion d'enjeux dits soft (comme la criminalité organisée) principalement à travers un monitoring des actions des forces bosniennes (...). Très vite cependant, le format de la mission européenne a évolué pour épouser plus largement les contours des missions de la SFOR[4] ».

Comment évaluer l'action d'EUFOR ALTHEA? Il faut d'abord souligner qu'il a fallu près de deux ans pour que l'UE lance son opération militaire : dès 2002, celle-ci avait fait part de son souhait de prendre en charge l'opération de stabilisation

---

[1] Nadège Ragaru, « L'opération Althea en Bosnie-Herzégovine et la gestion européenne du post-conflit », *Les Etudes du CERI*, novembre 2007, n°139.
[2] Bastian Giegerich, *European Security and Strategic Culture. National Responses to the EU's Security and Defence policy*, op.cit., p. 21.
[3] En mars 2002, aux côtés du Haut représentant en charge de la mise en oeuvre des Accords de paix a été créé un poste de Représentant spécial de l'UE en Bosnie-Herzégovine selon le principe de double casquette (le Haut représentant est en même temps le Représentant spécial de l'UE)
[4] Nadège Ragaru, « L'opération Althea en Bosnie-Herzégovine et la gestion européenne du post-conflit », op.cit.

sans être pour autant en mesure de le faire en un délai si court[1]. L'architecture politico-militaire n'était pas encore opérationnelle.

Le mandat initial prévoyait le maintien d'un environnement de sûreté et de sécurité qui a été effectivement sauvegardé[2]. Le Conseil de l'UE s'en est d'ailleurs félicité dans une déclaration en novembre 2008. Cependant, lorsque l'UE a pris le relais de l'OTAN la situation était déjà stabilisée et les actions comme la démobilisation des combattants et le recueil des armes aussi. Dans ces conditions, pour Marco Overhaus, il est difficile de parler de gestion de crise en Bosnie dans la mesure où l'intervention a lieu dans un environnement, certes pas pacifié, mais tout de même plusieurs années après la fin de la guerre. L'EUFOR n'a jamais été contrainte de recourir à la force. L'opération ne démontre pas que l'UE est capable de répondre véritablement à une situation de crise comme c'était le cas en 1995.

De plus, la coordination entre les acteurs sur le terrain n'a pas été fluide. La priorité politique était au renforcement du poids du représentant spécial de l'UE. Le déploiement d'EUFOR devait permettre d'en faire un acteur-pivot dans la coordination des instruments européens en Bosnie-Herzégovine. Avant le déploiement, son équipe est d'ailleurs renforcée et il s'est vu attribuer un rôle important dans la supervision de la mise en œuvre des Accords de paix. L'action commune précise « que le représentant spécial de l'UE favorise la coordination politique générale de l'UE dans le pays. Il préside un groupe de coordination de tous les acteurs de l'UE présents sur le terrain, y compris le commandant de la force, en vue de coordonner les aspects de mise en œuvre de l'action de l'UE. Le commandant de la force doit tenir compte des avis politiques émis par le représentant spécial, ce qui permet d'éviter les difficultés liées à

---

[1] Marco Overhaus, « Bosnie-Herzégovine : les limites de la gestion de crise à l'Européenne », *Politique étrangère,* IFRI, automne 2009.
[2] La situation politique en Bosnie reste toutefois incertaine. Le pays n'a pas, selon Maro Overhaus, fait de progrès vers un « Etat multiethnique, stable, viable et pacifique ».

l'absence d'autorité légale du représentant spécial sur ALTHEA. Un conseiller politique a également été nommé auprès du commandant d'EUFOR pour faire le lien. Mais les militaires européens ont montré des réticences à laisser un civil exercer son autorité sur eux. Le Représentant spécial n'a pas pu « satisfaire toutes les attentes placées en lui[1] ».

On note également une coordination difficile entre EUFOR et la MPUE. Les différences de mandat et de chaînes de commandement rendaient la coopération entre les deux structures délicates. Un travail de clarification des prérogatives et de coordination a été entrepris en 2006 via l'adoption des «Sept principes et lignes directrices sur la coopération renforcée entre le représentant spécial, EUFOR et la MPUE». La MPUE dans la phase initiale interprêtait son mandat de façon extrêmement peu ambitieux: des missions de suivi, d'encadrement, d'inspection. Le renouvellement du mandat en 2006 est l'occasion de renforcer la dimension opérationnelle de la mission.

Il y a eu enfin des divergences de positionnement entre le RSUE et la MPUE. L'Office du Haut représentant de la Communauté internationale et représentant spécial de l'UE d'alors, Lord Ashdown lance, en 2004, une commission de restructuration de la police, dont les objectifs diffèrent avec ceux de la MPUE.

La question du développement des synergies entre les volets civils et militaires de la gestion des crises a été au cœur de l'opération ALTHEA. Son mandat a été renouvelé, en décembre 2009, pour trois ans même si certains Etats membres plaidaient pour la fermeture de la mission[2]. La voilure de l'opération a progressivement été réduite au point de compter aujourd'hui 2000 hommes. Le mandat d'EUFOR n'est plus très lisible. EUFOR a mené des opérations de collecte d'armes, a inspecté les forces militaires bosniennes et a fourni une assistance à la

---

[1] Nadège Ragaru, op.cit., *Les Etudes du CERI*, n°39.
[2] « L'avenir de la mission ALTHEA en Bosnie reste incertain », *Europolitique,* 18 novembre 2009. Une mission exécutive vise à pallier la défaillance des autorités locales.

destruction des surplus militaires par les autorités bosniennes. Sa mission aujourd'hui est de rassurer, c'est-à-dire maintenir un climat de confiance et de sécurité.

Première opération militaire de cette envergure, EUFOR ALTHEA est menée sans encombre même si le contexte de sécurité, qui est celui du déploiement de l'opération est déjà stabilisé. Elle est aussi la première opération qui pose réellement la question de la synergie entre les volets civils et militaires. Confrontée à des problèmes de coordination entre les acteurs, cette mission encouragera à la mise en place en 2005 au sein de l'Etat major, d'une cellule civilo-militaire, composée d'une trentaine de personnes avec pour mission d'assurer la liaison entre les organes civils et militaires de l'Union européenne dans le cadre des actions de prévention ou de gestion des crises. Cette approche globale de la gestion de crise sera reprise par d'autres institutions en premier lieu l'ONU et l'OTAN[1].

ALTHEA a, par ailleurs, rencontré des problèmes chroniques de sous-effectifs, et s'est heurtée à la multiplication des restrictions à l'engagement des troupes, qui démontrent les réticences des Etats à répondre à un engagement européen.

Plusieurs Etats membres, notamment la France et la Grande-Bretagne, souhaitent aujourd'hui se désengager. Solana, pour qui les Balkans représentaient une priorité, avait réussi jusqu'à présent à défendre le maintien d'une présence militaire en Bosnie même s'il a dû se plier au souhait des Etats membres de réduire leur contribution. Le paradoxe est que « Solana a dû demander de l'argent pour réaliser ce qu'en fin de compte, on lui demandait de faire », remarque Steven Everts[2].

---

[1] Sven Biscop, *The EU and the European Security Strategy. Forging a global Europe*, op.cit., p. 16. « The EU has effectively taken the lead in building integrated civil-military structures, in which both the Commission and the General Secretariat of the Council are represented (…). The UN, as well, has translated this into the creation of new institutions (…). NATO too has discovered the comprehensive approach or at least the need for civil-military operations ».
[2] Steven Everts, « Foreign and security policy: from bystander to actor », *Centre for European Reform*, 2002.

EUFOR TCHAD RCA : une opération française

L'opération militaire EUFOR Tchad RCA est un autre exemple d'opération engagée à la demande expresse d'un Etat membre de l'Union européenne sans que le Haut représentant soit à l'initiative. Il devra se contenter d'accompagner le développement de la mission[1].

C'est en effet l'insistance de la France au sein du Conseil de sécurité qui conduit l'ONU à autoriser le lancement d'une opération militaire européenne. « La France réussit à amener le Conseil de sécurité à considérer l'envoi d'une mission dans les Etats voisins en pointant sur les répercussions régionales de la crise au Darfour » alors même que le secrétaire général de l'ONU, Ban Ki Moon n'y est pas favorable initialement, note Patrick Berg dans une contribution à une étude réalisée par la Stiftung Wissenschaft und Politik[2].

EUFOR Tchad RCA, issue de la résolution 1778 du Conseil de Sécurité des Nations Unis du 25 septembre 2007, autorise l'Union européenne à envoyer une opération militaire dans la région pour une période initiale de 12 mois qui doit intervenir aux côtés de la Mission des Nations-Unies en RCA et au Tchad (MINURCAT)[3]. Le Conseil européen des 15 et 16 octobre 2007

---

[1] La première mission de Solana sur le terrain a lieu le 6 mai 2008. « Javier Solana entame sa première visite à l'EUFOR Tchad-Centrafrique », *dépêche AFP* datée du 6 mai 2008.

[2] Patrick Berg, « EUFOR Tchad/RCA : The EU serving French Interest », décembre 2009, op.cit. Ban Ki Moon considère que la situation sur le terrain n'est pas favorable en l'absence d'un accord de cessez-le-feu ou du déclenchement d'un processus politique.

[3] La MINURCAT est chargée de la formation d'une unité de gendarmerie tchadienne qui prendra le nom de Détachement intégré de sécurité (DIS).
Le mandat de la force européenne est selon la résolution de l'ONU de « contribuer à la protection des civils en danger en particulier les réfugiés et les personnes déplacées ; faciliter l'acheminement de l'aide humanitaire et la libre circulation du personnel humanitaire en contribuant à améliorer la sécurité dans la zone d'opérations ; contribuer à la protection du personnel, des locaux, des installations et du matériel des Nations unies et assurer la sécurité et la liberté de circulation de son personnel, du personnel des Nations unies et du personnel associé ».

valide l'opération de transition en République du Tchad et en République centrafricaine, dénommée EUFOR Tchad/RCA[1]. C'est ainsi la cinquième opération menée par l'UE hors recours aux moyens de l'OTAN, dans le cadre du dispositif de « Nation cadre » choisi, comme en 2003, en Ituri (RDC), pour la conduite d'une opération autonome de l'Union[2]. Son mandat est d'améliorer les conditions de sécurité dans l'Est du Tchad et le nord-est de la République Centrafricaine.

Comme le soulignent dans un article, Jean-Philippe Ganascia, qui a commandé la Force et Raphaël Pouyé, son conseiller politique, EUFOR « est le fruit de longues négociations démarrées en 2006 entre ses différents promoteurs[3] ». La demande émane initialement des acteurs humanitaires qui pointent le risque de déstabilisation régionale lié à l'afflux de réfugiés en provenance du Darfour au Tchad mais aussi « la dynamique de déstabilisation réciproque entre le Tchad et le Soudan par rebelles interposés ».

La France, en particulier, pour des raisons de politique intérieure va défendre le principe d'une intervention auprès des Etats membres de l'UE qui sont réticents[4].

Pour ce qui concerne le contexte français, outre les liens traditionnels avec le Tchad[5], il faut souligner que les candidats à

---

[1] http://www.operationspaix.net/IMG/pdf/UE-Action_commune_15oct2007_.pdf
Réunis à Bruxelles, le 12 septembre 2007, les ministres des Affaires étrangères des 26 (sauf le Danemark qui dispose d'un droit de retrait sur les questions PESD) avaient déjà approuvé le principe d'une opération.

[2] «La PESC, la PESD et la PSDC : au coeur de la relance du projet européen ?», Emmanuel Dupuy, Président de l'Institut Prospective et Sécurité en Europe, 11 février 2008.

[3] Jean-Philippe Ganascia et Raphaël Pouyé, « Eufor Tchad-RCA : les principales leçons du terrain », *Défense nationale et sécurité collective*, n° 722, août 2009

[4] Une source diplomatique qualifie la décision de participer à l'EUFOR de très impopulaire en raison de l'éloignement de ce terrain d'opération et de la crainte d'une contradiction avec le principe de neutralité.

[5] La France soutient militairement le régime d'Idriss Deby depuis son arrivée au pouvoir en 1990. Frédéric Mérand et Mireille Haingo Rakotonirina, « La

l'élection présidentielle s'étaient engagés à faire leur possible pour protéger les réfugiés du conflit du Darfour. Les candidats avaient signé un mémorandum préparé par Urgence Darfour. Une fois élu, le président Sarkozy et son ministre des Affaires étrangères Bernard Kouchner se retrouvent soumis à une considérable pression pour matérialiser leur promesse.

De son côté, Bernard Kouchner est très lié au collectif Urgence Darfour. Il convoquera une conférence à haut niveau sur le Darfour dès juin 2007. Puis, il multiplie les contacts avec le président Deby afin de faire accepter au président tchadien une mission onusienne dont la composante militaire serait assumée par l'Union européenne. Il effectue un voyage au Tchad et reçoit le président Deby à Paris en juillet 2007[1].

À ce stade, Bernard Kouchner n'a pas encore discuté de sa proposition avec ses partenaires européens. « L'option d'une opération aux confins du Tchad avaient beau avoir la légitimé des Nations unies, beaucoup d'Européens n'étaient pas prêts à y aller », relate Olivier Kempf[2]. Les Allemands considéraient avoir déjà fait un effort en participant aux opérations en RDC en 2003 et 2006. Les Anglais estimaient que la France faisait pression au détriment de l'OTAN, enfin certains dont les Autrichiens y voyaient une façon pour la France de défendre ses propres intérêts nationaux. La France était soupçonnée de vouloir aider Déby à rester au pouvoir par le déploiement d'une force visant éventuellement à s'opposer aux rebelles et servir de bouclier à Idriss Deby[3].

La mission était controversée en raison « des rapports ambigus qui se dessinent entre la PESD et la politique africaine

---

Force européenne au Tchad et en Centrafrique: le baptême du feu», *Politique africaine*, juin 2009.
[1] Le président Deby avait rejeté un rapport du Secrétaire général des Nations unies du 23 février 2007 proposant une présence multidimensionnelle, dont militaire de l'ONU. Idriss Deby a également rejeté la proposition française d'un corridor humanitaire partant du Tchad pour venir en aide aux populations du Darfour.
[2] Olivier Kempf, « EUFOR Tchad/RCA: une opération vraiment originale », *Défense et sécurité internationale*, n° 46, mars 2009.
[3] Ibid.

de la France », confirment Frédéric Mérand et Haingo Mireille Rakotonirina[1] soulignant que la PESD, conçue initialement pour un scénario de type Kosovo, limité au territoire européen, étend son champ d'action à 4000 km autour de Bruxelles sur proposition des Français à Helsinki.

Lorsque des rebelles tchadiens se dirigent sur N'Djamena en février 2008 avec pour objectif de renverser Idriss Déby sans toutefois intention de viser des civils, le commandant de la force assure qu'il ne fera pas d'exception au principe d'impartialité auquel les capitales européennes sont attachées même si le président Deby souligne l'abandon des populations locales. C'est un test pour la France qui donne des gages de sa neutralité. Par ailleurs, le dispositif Epervier qui permet à l'EUFOR de ne déployer plus rapidement s'efface progressivement afin d'assurer l'autonomie de la mission. Les intentions françaises semblent claires[2].

Le principe de l'opération est finalement accepté par l'UE. « Pour les Etats européens qui adhèrent au projet français d'opération militaire, il s'agit de poursuivre de manière décisive le développement de la PESD sans se compromettre politiquement avec les forces de sécurité tchadiennes et centrafricaines dont ils connaissent les dérapages fréquents en matière de droit de l'homme », relèvent Jean-Philippe Ganascia et Raphaël Pouyet.

Mais bientôt se pose le problème des contributions militaires de la force estimée à 3700 hommes[3] contre 4000 dans le concept de gestion de crise[4]. La France ne voulait pas, pour des raisons

---

[1] Frédéric Mérand et Mireille Haingo Rakotonirina, «La Force européenne au Tchad et en Centrafrique: le baptême du feu», op.cit.
[2] Le dispositif Epervier (1350 hommes environ) a été mis en place pour protéger le Tchad d'une attaque libyenne en 1986. Olivier Kempf note que le Livre Blanc sur la politique extérieure annonce un désengagement d'Afrique pour se reporter sur la péninsule arabique. La France abandonnerait l'une de ses bases sur le continent africain qui pourrait être celle de N'Djamena.
[3] Le budget est estimé à 119,6 millions d'euros. Source Europa.eu
http://www.consilium.europa.eu/showPage.aspx?id=1366&lang=en
[4] Hans-Georg Ehrart, « Assessing EUFOR Chad/CAR», *European Security Review*, ISIS, décembre 2008.

politiques, fournir plus de la moitié de l'effectif de la force afin qu'elle apparaisse vraiment comme un contingent européen. La réticence des capitales européennes entraîne d'ailleurs des retards dans la génération de force. Mais, en début 2008, la France accepte tout de même de dépasser le seuil des 50%[1].

L'Etat major stratégique est établi au Mont Valérien sous les ordres du général irlandais Nash. La force était commandée sur le terrain par un Français le général Ganascia à partir d'Abéché. Certains Etats membres appréhendaient aussi l'absence de calendrier de désengagement et d'objectifs tangibles. Il est décidé que l'opération ne durera qu'un an à compter de la capacité opérationnelle initiale (IOC) prononcé le 15 mars 2008.

La passation de relais vers la MINURCAT est effectuée le 15 mars 2009[2]. 2000 soldats européens passent sous les drapeaux de l'ONU annonce Javier Solana dans un communiqué[3]. L'UE se retire officiellement le 30 juin 2009[4].

Pour Frédéric Mérand et Haingo Mireille Rakotonirina, EUFOR Tchad RCA est sans conteste l'opération militaire la plus difficile engagée par l'UE depuis le lancement de la PESD[5]. C'était un terrain d'expérimentation pour la PESD, un

---

[1] La France a été le plus gros contributeur de la force avec 2000 soldats. Environ 450 Irlandais, 400 Polonais, 160 Autrichiens et 120 Roumains y ont participé. 26 Etats membres sont présents sur le terrain (France, Autriche, Belgique, Espagne, Finlande, Grèce, Irlande, Italie, Pays-Bas, Pologne, Portugal, Roumanie, Slovénie et Suède).
Source : touteleurope.fr
[2] Solana négocie le passage de relais avec le représentant de l'ONU Victor da Silva Angelo. « Javier Solana prépare la transition d'EUFOR Tchad/RCA vers la MINURCAT avec le représentant spécial de l'ONU », 16 février 2009, Conseil de l'UE
[3] « Javier Solana congratulates Lieutenant General Patrick Nash, Operation Commander of EUFOR Tchad/RCA on the successful completion of the mission », 18 mars 2009, Conseil de l'UE.
[4] Boguslaw Pacek, « The European Union Military Operation in Chad and Central African Republic », *Military Review*, Janvier-février 2010.
[5] Ibid.

défi à la fois opérationnel et logistique[1]. « Pour la première fois, l'UE lançait une force conséquente à partir de rien et au milieu de nulle part et ça a marché », relève Olivier Kempf. Sur le terrain, l'insécurité est liée, non pas à des attaques de rebelles tchadiens et soudanais visant des civils, mais à des formes quotidiennes de harcèlement causées par de petits groupes d'hommes armés. Or, les troupes européennes ne sont pas autorisées à capturer des criminels. EUFOR identifie alors des zones d'insécurité chronique et effectue des patrouilles en profondeur. EUFOR a amorcé l'amélioration des conditions sécuritaires.

Les critères d'évaluation et donc de succès de l'opération sont cependant difficiles à déterminer. Faut-il considérer l'absence de combats, la réduction du banditisme, le nombre de réfugiés dans les camps ? Le bilan dressé par Muriel Asseburg et Raonja Kempin est plus tranché affirmant que l'opération n'a eu aucun impact sur le conflit au Darfour, et n'a permis ni d'améliorer la situation des réfugiés au Tchad ni de permettre le retour des déplacés[2].

EUFOR Tchad-RCA démontre le souhait de l'UE de s'engager sur des terrains plus complexes dans des opérations où le résultat est incertain. Cette opération résulte d'un échange de bons procédés entre la volonté de la France de conférer une légitimité à une intervention et le souhait par Bruxelles de trouver de nouveaux terrains d'expérimentation pour la PESD[3]. Dans ce cas de figure, le Haut représentant est un facilitateur qui doit répondre « à la commande » d'un Etat membre.

---

[1] En termes de capacité, EUFOR Tchad RCA met à jour le manque d'hélicoptères. La Russie en fournira 4 et mettra 120 à disposition en novembre 2008.
Article de Nicolas Gros-Verheyde. Source: http://bruxelles2.over-blog.com/article-23368505.html
[2] A noter que c'est la première opération militaire qui voit un soldat, Gilles Polin, « mourir pour Bruxelles » depuis le lancement de la PESD en 1998. *The EU as a Strategic Actor in the Realm of Security and Defence*, op.cit., p. 151.
[3] Frédéric Mérand et Haingo Mireille Rakotonirina, «La Force européenne au Tchad et en Centrafrique: le baptême du feu», *Politique africaine*, juin 2009.

Les nouvelles compétences en matière de PESD, certes bien encadrées par les Etats membres, ont tout de même donné une dimension opérationnelle bienvenue au Haut représentant/secrétaire général dont les attributions et l'impact en matière de diplomatie traditionnelle étaient plus que maigres en raison des limites même de la PESC. À l'actif de Javier Solana : 23 missions PESD sans incidents majeurs. « 23 opérations avec des opérations dont beaucoup ne voulaient pas entendre parler, et de surcroît sans gros échec, cela n'est quand même pas négligeable sans compter le travail effectué dans le domaine doctrinal », souligne Thierry Tardy[1].

Une fois la Stratégie européenne de sécurité adoptée, la PESD devenait un champ d'expérimentation pour l'Europe qui, sollicitée par des partenaires extérieurs, pouvait difficilement adopter une posture trop frileuse. Bien sûr, le lancement d'une opération pour laquelle les Etats membres montrent des réticences au départ, doit plus à la capacité de conviction de l'Etat membre initiateur qu'à l'entregent de Solana. Comme le reconnaît le général Bentegeat, président du Comité militaire de l'UE de 2006 à 2009 : « la défense européenne marche par à-coups. C'est beaucoup plus par des initiatives ponctuelles qui viennent souvent d'un pays ou de deux pays que les choses avancent[2] ».

---

[1] Echanges de mails 28 octobre 2009.
[2] Propos recueillis par Olivier Jehin pour le magazine *Europe Diplomatie et défense*, 5 novembre 2009.

Conclusion

En 1995, alors que les négociations sont amorcées sur la révision du Traité de Maastricht, Michel Barnier et son homologue allemand Werner Hoyer défendent la création d'un poste de Haut représentant pour la PESC, « un médiateur, un facilitateur » entre Etats membres, afin de garantir la continuité des travaux du Conseil et coordonner la mise en oeuvre des mandats du Conseil européen. Les deux auteurs de la tribune dans *Le Monde* admettent, sans détour, que la mise en place du Haut représentant « ne devra certainement pas être comprise comme une solution miracle[1] ».

Le traité d'Amsterdam, qui crée la fonction, ne lui octroie, en effet, qu'un pouvoir d'initiative limité avec un champ de manœuvre très étroit et des ressources relativement faibles. Comme le souligne Jolyon Howorth, le Haut représentant a été désavantagé par la taille de son équipe et son budget, ainsi que par l'existence de concurrents dans la formulation de la PESC-PESD que sont la Commission européenne mais aussi les ministères des Affaires étrangères[2].

Pour Ana Juncos et Christopher Reynolds, le leitmotiv selon lequel les institutions comptent est largement accepté, ce qui est toujours plus controversé est de savoir dans quelle mesure[3].

Solana devait incarner la voix des Etats membres. « Mais à 27, c'est un pari quasi impossible. D'où l'intérêt de la Politique

---

[1] Tribune publiée par Michel Barnier et Werner Hoyer dans *Le Monde*, le 8 décembre 1995.
[2] Jolyon Howorth, *European Security and Defence Policy*, op.cit., p. 66.
[3] Ana Juncos et Christopher Reynolds, « The Political and Security Committee : Governing in the Shadows », *European Foreign Affairs Review*, n°12, 2007, p. 129. « While the leitmotiv that institution matters remains widely accepted, the question of how institutions matters remains somewhat disputed ».

européenne de sécurité et de défense (PESD). Solana s'est dit que la diplomatie, ce serait très compliqué et que les choses seraient plus faciles en développant la base opérationnelle », souligne Patrice Bergamini, qui a occupé les fonctions de directeur adjoint de cabinet auprès du Haut représentant[1]. Solana va accompagner le développement de la PESD, souhaité par les Etats membres, et saisir cette nouvelle impulsion pour élargir assez considérablement les prérogatives du secrétariat général, et donc les siennes, et concentrer la prise de décision à Bruxelles. D'un rôle purement administratif, le secrétariat général acquiert un rôle plus politique de conseil et de proposition. Le secrétariat se dote progressivement d'une architecture politico-militaire (Comité politique et de sécurité, Comité militaire, Etat-major de l'Union européenne) qui lui permettra de jouer un rôle nouveau en matière de gestion des crises civiles et militaires. Vingt-trois opérations seront lancées entre 1999 et 2009 dans des théâtres d'opérations divers : Balkans, Asie, Afrique qui s'appuieront sur la doctrine développée dans la Stratégie européenne de sécurité, initiée par le Haut représentant en 2003.

Ces interventions ne permettent cependant pas de faire de l'UE un acteur politico-stratégique[2] et cachent bien souvent une difficulté à s'entendre sur le terrain politique. La PESD est bien souvent déconnectée de toute influence politique alors même qu'elle a été lancée pour renforcer l'efficacité de la PESC[3]. « On fait de la gestion de crise parce qu'on sait qu'on a plus de chance d'être d'accord que sur le front diplomatique. Là où ça bloque,

---

[1] Jolyon Howorth partage un constat similaire. « Face à des ministères des Affaires étrangères tout puissants, c'est un travail quasi impossible ». Entretien téléphonique le 18 novembre 2009.
[2] Comme le souligne Bastien Irondelle : « si l'Union européenne peut mener de vastes opérations de maintien de la paix, sa capacité à agir dans un environnement hostile pour mener des combats de haute intensité, tout en limitant les pertes et dommages collatéraux n'est pas assurée ». « L'Europe de la défense à la croisée des chemins ? », *Critique internationale*, n°26, janvier 2005.
[3] « The Central goal of the ESDP is to provide the instruments it takes to render the CFSP efficient ». Ministère Allemand de la défense, 2002. Cité par Seth Jones, *The Rise of European Security Cooperation, op.cit.*, p. 214.

c'est de croire qu'on peut faire l'un (gestion de crise) sans l'autre (diplomatie) », affirme Thierry Tardy[1].

« Des procédures comme substitut à une réelle politique ? », s'interroge David Allen dans un article[2]. Une critique également formulée par Muriel Asseburg et Ronja Kempin, pour qui la gestion de crise remplace trop souvent des initiatives sur le terrain politique et diplomatique[3].

Car si les dispositions institutionnelles permettent « d'inscrire dans la durée les coopérations étatiques, de faciliter la prise de décision et de conduire les politiques communes initiées par les Etats. Elles ne peuvent suppléer l'absence de volonté politique commune, faute de convergence des perceptions et des représentations géopolitiques », écrit Jean-Sylvestre Mongrenier[4].

Dans ce contexte, le poste de Haut représentant rencontre rapidement ses limites. « Il y a des dossiers pour lesquels les ministres des Affaires étrangères pensaient qu'il ne devait pas s'impliquer. Ils n'étaient pas prêts à lui laisser le champ totalement libre », confirme Philippe Setton[5].

On a finalement créé un rôle qui semblait aller plus loin dans l'intégration en matière de PESC mais qui, en réalité, reflète davantage un changement dans les modalités des rapports entre Etats membres que la volonté de progresser sur la voie de

---

[1] Echanges d'e-mails le 28 octobre 2009.
[2] « The Solana Era : The Development of the EU's CFSP and ESDP during the period of office of the first high representative and Secretary general of the Council 1999-2009 ? », *European Union Studies Association*, Los Angeles, Californie, 2009.
[3] *The EU as a Strategic Actor in the Realm of Security and Defence?*, op.cit., p. 151.
Voir aussi la contribution de Barbara Delcourt, in *L'Union européenne : la fin d'une crise*, Paul Magnette et Anne Meyemberg, Editions de l'Université de Bruxelles, 2008, 252 p.
[4] Jean-Sylvestre Mongrenier, «L'improbable défense européenne», *Hérédote*, Editions La Découverte, n°128, 2008/1.
[5] Lorsque Hubert Védrine était ministre des Affaires étrangères, le Proche-Orient n'est pas considéré du ressort de Solana. Entretien, le 1er décembre 2009.

l'intégration en matière de politique étrangère. Le rôle du Haut représentant peut être entrevu comme celui d'un coordinateur, quelqu'un qui centralise la politique étrangère européenne et veille à créer du consensus sous contrôle des Etats membres. Ce sont eux qui lui accordent son mandat de négociation au final. « Il doit leur présenter les résultats intermédiaires des tractations, mais les Etats conservent in fine leur pouvoir d'assentiment général », écrivent Frédéric Mérand et René Schwok[1]. Si Solana a joué un rôle utile sur le terrain diplomatique en Macédoine en 2001, en 2004 au moment de la Révolution orange en Ukraine et aussi au moment de la déclaration d'indépendance du Kosovo, il a dû accompagner le mouvement sur d'autres dossiers en atteste, par exemple, la crise en Géorgie à l'été 2008, réglée par la présidence française de l'UE[2].

Solana aura cependant réussi à mettre en œuvre la PESD et à ancrer la Stratégie européenne de sécurité en tant que référence et moteur, pour reprendre les termes de Sven Biscop. L'UE a aujourd'hui une expertise reconnue en matière de gestion des crises avec ce bémol toutefois qu'elle n'a pas d'expérience dans un terrain de conflit à haute intensité. Javier Solana a traduit en termes opérationnels la volonté politique des Etats membres de s'engager dans une opération de gestion de crise. La plupart des missions d'opération de gestion de crise ont, en effet, été initiées par un grand Etat[3]. Par ailleurs, il dépendait des Etats membres s'agissant des contributions. Comme le souligne Bastien Giegerich, « la PESD est une tentative intergouvernementale. Elle dépend des contributions nationales volontaires des Etats membres pour renforcer les capacités civiles et militaires[4] ».

---

[1] Frédéric Mérand et René Schwok, *L'Union européenne et la sécurité internationale. Théories et pratiques*, Bruxelles, Bruylant, 2009, p. 55.
[2] Entretien avec le diplomate Maxime Lefebvre, le 10 décembre 2009.
[3] Ce qui n'est d'ailleurs pas sans incidence sur le déroulement de l'opération en elle-même. Les négociations entre Etats membres sur le bien-fondé d'une opération expliquent un mandat parfois très étroit pour la mission, et surtout les délais de déploiement (difficulté à faire participer les Etats).
[4] Bastian Giegerich, *European Security and Strategic Culture, National Responses to the EU's Security and Defence Policy*, op.cit., p. 12. « ESDP is

« Le Haut représentant représente, mais n'anticipe pas », tranche Nicole Gnesotto, qui, en tant que directrice de l'Institut d'études de sécurité de 2002 à 2007, a été amenée à travailler très étroitement avec Javier Solana et son équipe[1]. Sa capacité d'initiative s'est résumée à proposer à deux, trois Etats la position la plus acceptable. Solana n'a pas cherché à aller au-delà et à risquer une opposition frontale avec les Etats membres alors que le Traité lui permettait peut-être plus d'audace. « Le traité n'interdisait pas qu'il contribue à l'aide à la décision ».

Xymena Kurowska évoque « une diplomatie des petits pas. Solana a veillé à construire du consensus. « La tâche n'était pas facile, il fallait persuader, réunir des acteurs partageant des préférences différentes[2] ».

Le Haut représentant a renforcé la visibilité de l'UE. Un membre de son service de presse met en valeur « ses contacts permanents avec la plupart des grands acteurs internationaux avec lesquels il a un accès direct. Solana compte[3] ». Mais visibilité ne signifie pas influence. Les résultats sont parfois maigres en termes d'impact comme au Proche-Orient ou dans le dossier du nucléaire iranien. Pour Stephen Everts, « Solana a mis l'Union européenne sur la carte dans les Balkans, au Proche-Orient et ailleurs[4]. « Il a fait ce qui a été possible dans le cadre institutionnel limité qui a été le sien », juge aussi Thomas Klau[5].

---

an intergovernemental endeavour, which relies on voluntary contributions to streghten the EU's civilian and military capacbilities ».
[1] Entretien, le 20 septembre 2009.
[2] Xymena Kurowska, « Solana Milieu : Framing Security Policy », Perspectives on European Politics and Society, Volume 10, 2009. Sa personnalité plutôt chaleureuse, sympathique, le fait qu'il soit un bon communicant ont été des facteurs favorables. Les Etats membres n'avaient pas l'impression qu'il tenterait d'aller au-delà de son mandat.
[3] Entretien avec Alan Pluckers, le 9 octobre 2009.
[4] Steven Everts, *Foreign and security policy: from bystander to actor*, Centre for European Reform, 2002.
[5] « Solana quitte ses fonctions de diplomate en chef de l'UE sur un bilan mitigé », Dépêche *AFP*, 30 novembre 2009.

Si la pratique de la PESC-PESD tend à s'éloigner du modèle intergouvernemental pur, elle ne s'en affranchit pas complètement. Ainsi, la troisième voie évoquée en introduction nous semble l'hypothèse la plus pertinente pour répondre à notre question de départ. L'institution du poste de Haut représentant permet de créer du consensus sans passer par la négociation intergouvernementale formelle. De plus, l'appropriation de la PESD et le processus de bruxellisation fait que le Haut représentant dispose d'une capacité d'entraînement, de la faculté à dynamiser le système.

Un droit d'initiative formel aurait sûrement permis à Solana de mieux asseoir son rôle. Le Traité de Lisbonne représente un progrès en ce sens puisqu'il octroie au chef de la diplomatie européenne une capacité de proposition dans le domaine de la politique de sécurité et de défense commune (PSDC). Par ailleurs, Catherine Ashton, nommée Haute représentante pour les Affaires étrangères et la politique de sécurité, cumule les casquettes occupées par Javier Solana et Benita Ferrero-Waldner, qui était commissaire chargée des relations extérieures dans la première Commission Barroso. Catherine Ashton préside également le Conseil des Affaires étrangères. Cependant le refus de lui conférer le titre de ministre dans le Traité de Lisbonne illustre le chemin qui reste encore à accomplir sur la voie d'une politique étrangère européenne. « Une politique de défense est une défense au service du politique. L'affirmation de la première dépend des buts de la seconde », prévient Henry Kissinger.

BIBLIOGRAPHIE

De Vasconcelos, Alvaro, *The European Security Strategy. Building on Common Interests*, février 2009, n°5.

Adam Bernard, *Europe, puissance tranquille : sécurité européenne : quelle identité ?,* Bruxelles, Complexe, 2006.

Asseburg Muriel et Kempin Ronja, *The EU as a Strategic Actor in the Realm of Security and Defence ? A Systematic Assessment of ESDP Missions and Operations,* SWP Research Paper, Berlin, décembre 2009.

Belot Céline, Magnette Paul, Saurugger, *Science politique de l'Union européenne,* Economica, Etudes politiques, 2008.

Berget, Jean-Fred, Bonnemaison Eric, Dell'aria Eric, *Une stratégie de sécurité européenne : au-delà de Petersberg ?,* ed. des Riaux, 2005.

Biscop Sven, *The European Security Strategy. A Global Agenda for Positive Power,* Aldershot, Ashgate, 2005.

Biscop Sven and Andersson Jan Joel, *The EU and the European Security Strategy : Forging a Global Europe,* New York, Routledge, 2008.

Bretherton Charlotte, Vogler John, *The European Union as a Global Actor,* Londres, Routledge, 1999.

Bussiere Robert, *L'Europe et la prévention des crises et des conflits : le long chemin de la théorie à la pratique,* L'Harmattan, 2000.

Buchet de Neuilly Yves, *L'Europe de la politique étrangère,* Paris, Economica, 2005.

Delcourt Barbara, Corten Olivier, *Droit, légitimation et politique extérieure : l'Europe et la guerre du Kosovo,* Bruylant, 2001.

Delcourt Barbara, Martinelli Marta, Klimis Emmanuel, *L'UE et la gestion des crises,* IEE-ULB, 2008.

Dobbins James, *Europe's Role in Nation's Building : from the Congo to Balkans,* Rand, 2008.

Dumond Jean-Michel, Setton Philippe, *La politique étrangère et de sécurité commune (PESC),* Paris, La Documentation française, 1999.

Durand Marie-Françoise, De Vasconcelos Alvaro, *La PESC. Ouvrir l'Europe au monde,* Presses de Sciences po, 1998.

Dehousse Renaud, Deloche Florence, Jacquot Sophie, *Que fait l'Europe ?,* Presses de Science Po, 2009.

Dehousse Renaud, *Amsterdam : The Making of a Treaty,* Kogan page, London, 1999.

De La Serre Françoise, Lequesne Christian, *Quelle union pour quelle Europe ? L'après-traité d'Amsterdam,* Bruxelles, Complexe, 1998.

De Schoutheete Philippe, *La cohérence par la défense : une autre lecture de la PESD,* Cahiers de Chaillot, n° 71, octobre 2004.

De Vasconcelos A., *What ambitions for European Defence in 2020 ?,* Institut d'études de sécurité, 2009.

De Wilde d'Estamel Tanguy, *La PESC et la perspective incertaine du Traité établissant une Constitution pour l'Europe,* Presses universitaires de Louvain, Louvain-la-Neuve, 2005.

Dony Marianne, *L'Union européenne et le monde après Amsterdam,* Bruxelles, Editions de l'Université libre de Bruxelles, 1999.

Duke Simon, *The EU and Crisis Management: Development and Prospects,* Maastricht, EIPA, 2002.

Dumoulin André, Matthieu Raphaël, Sarlet Gordon, *La Politique européenne de sécurité et de défense (PESD) : de l'opératoire à l'identitaire,* Bruxelles, Bruylant, 2003.

Franck Christian et Duchenne Genevieve (Dir), *L'action extérieure de l'UE. Rôle global, dimensions matérielles, aspects juridiques, valeurs,* Académie Bruylant, 2008.

Giegerich Bastian, *European Security and Strategic Culture : National Responses to the EU's Security and Defence Policy,* Baden-Baden, Nomos, 2006.

Ginsberg R., *The European Union in international politics : baptism by fire,* Lanham, Rowman and Littlefield, 2001.

Gnesotto Nicole, *La puissance et l'Europe,* Paris, Presses de Sciences po, 1999.

Gnesotto Nicole (dir.), *La Politique de sécurité et de défense de l'UE. Les cinq premières années (1999-2004),* Cahiers de Chaillot, 2004.

Grevi Giovanni, Helly Damien, Keohane Daniel, *European Security and Defence Policy : the first 10 years (1999-2009),* octobre 2009.

Grevy Giovanni, *Pioneering foreign policy. The EU Special representatives,* n°106, octobre 2007.

Helly Damien, Petiteville Franck (dir), *L'Union européenne, acteur international,* Paris, L'Harmattan, 2005.

Hill C, Smith M. (Dir), *International relations and the EU,* Oxford, Oxford University Press, 2005.

Howorth Jolyon, *Security and Defence Policy in the EU,* Palgrave, 2007.

Howorth Jolyon, *European integration and Defence : the Ultimate Challenge,* n°43, novembre 2000.

Jones Seth, *The Rise of European Security Cooperation,* Cambridge, Cambridge university press, 2007.

Jouno Thurian (dir.), *Questions européennes. Le droit et les politiques de l'Union,* PUF, 2009.

Kagan Robert, *La puissance et la faiblesse, les Etats-Unis et l'Europe dans le Nouvel ordre mondial,* éditions Plon, 2003.

Koechlin Jérôme, *La politique étrangère de l'Europe : entre puissance et conscience,* Infolio, 2009.

Keohane R. et Nye J., *Power and independance*, New-York, Longman, 3ᵉ édition, 2001.

Koechlin Jérôme, *L'Europe a-t-elle une adresse ? La politique étrangère de l'UE*, Georg editeur, 2003.

Laïdi Zaki, *La norme sans la force. L'énigme de la puissance européenne*, Paris, Presses de Sciences Po, 2008.

Laursen Finn, *The Amsterdam Treaty : National Preference Formation interstate Bargaining and Outcome*, Odense university Studies in History and Social Sciences, Paperback, 2002.

Lavallée Chantal et John Crowley (dir.), *L'Europe de la défense : acteurs, enjeux et processus*, La Documentation française, Les champs de mars, janvier 2008.

Magnette Paul, *La Grande Europe*, Editions de l'Université de Bruxelles, 2004.

Magnette Paul, Telo Mario (dir), *De Maastricht à Amsterdam. L'Europe et son nouveau traité,* Bruxelles, Complexe, 1998.

Maulny Jean-Pierre et Nivet Bastien, *Les acteurs et réseaux de la politique européenne de sécurité et de défense*, Centre d'études en Sciences sociales de la défense, 2008, p 38.

Merand Frederic, *European defence policy. Beyond the Nation State,* Oxford, Oxford University press, 2008.

Merand F. et R.Schwok, *L'Union européenne et la sécurité internationale. Théories et pratiques*, Bruxelles, Bruylant, 2009.

Merlingen Michael, Ostrauskaite Rasa, *European Security and Defense Policy : an Implementation Perspective*, Londres, Routledge, 2008.

Meyer Christoph, *The Quest for a European Strategic Culture. Changing Norms on Security and Defence in the EU,* Basingstoke, Parlgrave Macmillan, 2006.

Ministère des Affaires étrangères et européennes, *L'Europe et la puissance,* CulturesFrance 2008.

Monar Jörg and Wessels Wolfgang (eds.), *The European Union After the Treaty of Amsterdam* (London: Continuum), 2001.

Mongrenier Jean-Sylvestre, *Dictionnaire géopolitique de la défense européenne. Du Traité de Bruxelles à la Constitution européenne,* Editions Unicomm, 2005.

Moreau-Defarges Philippe, *La stratégie d'influence de l'Union européenne*, Tome 1, Les notes de l'Ifri, 2002.

Muller Pierre, Meny Yves, Quermonne Jean-Louis, *Les politiques publiques en Europe,* Paris, L'Harmattan, 1995.

Muller Pierre, *Analyse des politiques publiques*, Paris, Clefs, Montchrestien.

Ostrauskaite R., Merlingen M., *The EU Security and Defence Policy : Implementation perspective,* London and New-York, Routledge, 2008.

Pailhe Caroline, *Une Europe sûre dans un monde meilleur : un concept stratégique utile mais dangereux*, Note d'analyse du GRIP, 6 janvier 2004.

Petiteville Franck, *La politique internationale de l'UE*, Presses de Sciences po, 2006.

Posch Walter, *Iranian challenges*, Cahiers de Chaillot, n°89, mai 2006.

Quermonne Jean-Louis, *L'Union européenne dans le temps long*, Presses de Sciences Po, 2009.

Sherrington Philippa, *The Council of Ministers. Political authority in the EU,* Pinter, Londres et New-York, 2000.

Schwok René, Mérand Frédéric, *L'UE et la sécurité internationale,* Université de Genève, Bruylant, 2009.

Schwok René, *Théories de l'intégration européenne*, Paris, Montchrestien, collection Clefs, 2005.

Smith Michael E., *Europe's Foreign and Security Policy. The Institutionnalization of Cooperation*, Cambridge University Press, 2003.

Stubb A, *From Amsterdam to Nice and Beyond : Negotiating Flexible Integration In the EU,* London, Palgrave-MacMillan, 2002.

Tallberg J., *Leadership and negotiation in the EU*, Cambridge University Press, 2006.

Tardy Thierry, *European security in a global context*, Londres, Routledge, 2009.

Tardy Thierry, *Gestion de crise, maintien et consolidation de la paix. Acteurs, activités, défis*, Ed. De Boeck, 2009.

Telo Mario, Europe: *A Civilian Power? European Union, Global Governance, World Order*, Londres, New-York, Palgrave Mac Millan, 2006.

Terpan F., *La politique étrangère et de sécurité commune de l'UE,* Bruylant, Bruxelles, 2003.

Hayes-Renshaw Fiona, Wallace Helen, *The Council of Ministers,* Macmillan Press, 1997.

Westlake Martin, Galloway David, *The Council of the EU*, John Harper Publishing, 2006.

Telo Mario, Magnette Paul, *De Maastricht à Amsterdam. L'Europe et son nouveau traité,* Bruxelles, Complexes, 1998.

Telo Mario, *Relations internationales, une perspective européenne,* Bruxelles, éditions de l'Université libre de Bruxelles, 2008.

Verluise Pierre, *Géopolitique de l'Europe. L'Union européenne élargie a-t-elle les moyens de la puissance ?*, Ellipses, 2005.

Westlake Martin, *The Council of the European Union*, Londres, Catermill International, 1995.

White Brian, *Understanding European Foreign Policy*, Basingstoke, Palgrave, 2001.

Yakemtchouk Romain, *La politique étrangère de l'UE*, L'Harmattan, juin 2005.

Articles de revues

Allen David, « The Solana Era : The Development of the EU's CFSP and ESDP during the period of office of the first high representative and Secretary general of the Council 1999-2009 ? », *European Union Studies Association*, Los Angeles, Californie, 2009.

Bagayoko Niagale, « L'opération Artémis, un tournant pour la PESD ? », *Afrique contemporaine*, n° 209, 2004.

Biad Abdelwahab, « La lutte contre la prolifération nucléaire à la croisée des chemins », *AFRI*, volume V, 2004.

Billion Didier, « L'Iran, un partenaire essentiel », *Revue internationale et stratégique*, n°46, été 2002.

Biscop Sven, « La Stratégie européenne de sécurité : un agenda ambitieux », *Défense nationale*, mai 2004.

Biscop Sven, Coolsaet Rik, « Une stratégie de l'UE pour la sécurité : définir la voie européenne », *Défense nationale*, n°10, octobre 2003.

Boniface Pascal, « Les opérations militaires extérieures », *Pouvoirs*, 2008/2, n°125.

Boyer Yves, « L'UE et sa défense : des lendemains qui chantent ou une nouvelle Tour de Babel », *AFRI,* 2001, volume II.

Boyer Yves, « Les opérations militaires et de police de l'Union européenne », *Annuaire stratégique et militaire*, 2004.

Buchet de Neuilly Yves, « L'irrésistible ascension du Haut représentant pour la PESC : une solution institutionnelle dans une pluralité d'espaces d'action européens », *Politique européenne*, L'Harmattan, 2002, n°8.

Buchet de Neuilly Yves, « La PESC, dynamique d'un système d'action », *Politix*, n° 46, 1999.

Buffotot Patrice, « La mutation stratégique de l'Europe : de la territorialité à la stratégie d'intervention », *Ares*, n°48, volume XIX, Fascicule 2, janvier 2002.

Cameron Fraser, « Ten years CFSP : Closing the capability-expectations gap », *The European Policy Centre*, 2002.

Châtaigner Jean-Marc, « Principes et réalités de la politique africaine de la France », *Afrique contemporaine*, De Boeck Université, 2006/4, n°220.

Chopin Thierry, Lefebvre Maxime, « Après le traité de Lisbonne : l'Union européenne a-t-elle enfin un numéro de téléphone ? », *Fondation Robert Schuman*, 30 novembre 2009.

Christiansen Thomas, « Relations between the European Commission and the Council Secretariat : the Administrative Complex of European Governance », *Politique européenne*, n° 5, 2002/01.

Conesa Pierre, Ragaru Nadège, « Les stratégies d'influence en relations internationales », *Revue internationale et stratégique*, n°52, hiver 2003-2004.

Crowe Brian, « A common European foreign policy after Iraq ? », *International affairs*, vol.79, n°3, mai 2003.

De Gucht Karel, « Shifting EU Foreign Policy into Higher Gear», *EU Diplomacy papers*, Collège d'Europe, 1/2006.

Delcourt Barbara, « Quelle méthode d'analyse pour la PESC ? Enjeux et perspectives autour de l'analyse du discours », *AFRI*, Bruxelles, Bruylant, 2003.

Delcourt Barbara, « L'Union européenne, acteur des relations internationales ? Autorité, autonomie et cohérence de l'UE dans la crise du Kosovo », *AFRI*, volume 1, 2000.

Du Bois Pierre, « L'Union européenne et le naufrage de la Yougoslavie (1991-1995), *Relations internationales*, n°104, hiver 2000.

Dettwiler Gaël, « Le budget communautaire est-il adapté aux enjeux de puissance de l'Union européenne ? », *Diploweb.com*, novembre 2007.

De Vasconcelos A., « L'Union européenne parmi les grandes puissances », *Commentaires*, Julliard, hiver, vol.31, n°124, 2008-2009.

Dufourcq Jean, « L'engagement européen dans la gestion de crise : un point de situation militaire », *AFRI*, Bruxelles, Bruylant, 2002.

Dijkstra Hylke, « The Council Secretariat's Role in CFSP », *European Foreign Affairs Review,* 13(2), 2008.

Dumoulin André, « La sémantique de la stratégie européenne de sécurité : lignes de force et lecture idéologique d'un préconcept », *AFRI*, volume VI, Bruxelles, Bruylant, 2005.

Dumoulin André, « Le Parlement européen et la PESD », *Les cahiers du RMES*, Volume IV, numéro 2, hiver 2007-2008.

Dumoulin André, « Les bases d'un concept stratégique européen », *Défense nationale*, n°6, p 108-117, no. 6, juin 2001.

Dumoulin André, Les ambitions de l'Europe : de l'après-Kosovo aux indicateurs de cohérence, *Politique étrangère*, IFRI, 2000/2.

Ekovich Steven, « Les Etats-Unis, l'Europe et les crises au Moyen-Orient », *Géostratégiques*, n°15, septembre 2006.

Everts Steven, « Foreign and security policy: from bystander to actor », *Centre for European Reform*, 2002.

Franck Christian, « L'émergence d'un acteur global : expansion géographique et renforcement institutionnel de l'action extérieure de l'UE », *Politique européenne*, n°22, 2007/2.

Ganascia Jean-Philippe et Pouyé Raphaël, « Eufor Tchad-RCA : les principales leçons du terrain », *Défense nationale et sécurité collective*, n° 722, août 2009.

Gheur Charles, « L'Union européenne face au conflit isréalo-palestinien », *Etudes*, Septembre 2003.

Grand Camille, « L'Europe de la défense du Sommet de Saint-Malo à la présidence française de l'UE : la naissance d'un acteur stratégique », *Questions d'Europe,* n° 22, Fondation Robert Schuman, 22 décembre 2008.

Helly Damien, « Les modes d'action extérieure de l'Union européenne : le cas du Caucase du Sud », *Revue française de science politique*, vol.55, avril 2005.

Howorth J., « The CESDP and the forming of a European Security culture », *Politique européenne*, n°8, 2002.

Irondelle Bastien, Vennesson P. (dir), « L'Europe de la défense : institutionnalisation, européanisation », *Politique étrangère,* n° 8, automne 2002.

Irondelle Bastien, Petiteville Franck, « A la recherche de la politique étrangère européenne », *Politique européenne*, n° 17, novembre 2005.

Irondelle Bastien, « L'Europe de la défense à la croisée des chemins », *Critique internationale*, n°26, janvier 2005.

Jolicoeur Pierre, « L'Iran et la question nucléaire », *CEPES*, 15 septembre 2003.

Juncos Anna, Reynolds Christopher, « The Political and Security Committee : Governing in the Shadow », *European Foreign Affairs Review*, n°12, 2007.

Ivanusic Irène, « Un visage, une voix, oui, mais pour quelle politique extérieure et de sécurité commune ? », *Les Cahiers du Gerse*, n° 2.

Keukeleire Stephan, « Au-delà de la PESC. La politique étrangère structurelle de l'Union européenne », *IFRI*, 2001, Volume II.

Kempf Olivier, «EUFOR Tchad/RCA : une opération vraiment originale », *Défense et sécurité internationale*, n°46, mars 2009.

Lambert Alexandre, « Les interventions militaires de l'UE dans les Balkans », *Relations internationales*, n°125, 2006/1.

Leonard Mark, « Can EU diplomacy stop Iran's nuclear programme ? », *Centre for European reform*, Working paper, novembre 2005.

Lodge Juliet, « The CFSP after Amsterdam. The Policy Planning and Early Warning Unit », *International relations*, vol.14, n°1, avril 1998.

Mangenot Michel, « Une chancellerie du prince », le Secrétariat général du Conseil dans le processus de décision bruxellois, *Politique européenne*, automne 2003.

Mangenot Michel, « Le Secrétariat général du Conseil, acteur de la politique extérieure de l'UE. De la coordination des relations économiques extérieures à la conduite d'une diplomatie politique et de sécurité», Journée d'études du Groupe Europe, *Association française de Science politique*, IEP Strasbourg, 2002.

Meimeth Michael, « La quadrature du cercle : perspectives pour une politique commune de sécurité et défense », *AFRI*, 2002

Menon Anand, « From Crisis to Catharsis : ESDP after Iraq », *International Affairs*, 80 (4), 2004.

Menon Anand, « Playing with fire: the EU's defence policy», *Politique européenne*, n°8, 2002.

Menon Anand, «French Follies», *Politique européenne*, n°25, 2008/2.

Mérand Frédéric et Rakotonirina Haingo Mireille, «La Force européenne au Tchad et en Centrafrique: le baptême du feu», *Politique africaine*, juin 2009.

Mongrenier Jean-Sylvestre, «L'improbable défense européenne», *Hérodote*, n°128, 2008/1.

Montesquiou (de) Aymeri, « Iran: le dialogue indispensable», *Revue internationale et stratégique,* Dalloz, IRIS, 2008/2.

Moscovici Pierre, « Quelle diplomatie européenne pour un Iran aux ambitions nucléaires ? », *La Revue internationale et stratégique*, n°70, été 2008.

Müller Patrick, « Les Etats-Unis, l'Europe et Annapolis : leçons pour le peacemaking au Moyen-Orient », *IFRI*, Politique étrangère, 2009/01.

Müller-Brandeck-Boczuet Gisela, « The New CFSP and ESDP Decision-making system of the EU », *European Foreign Affairs Review*, n°7, 2002.

Nivet Bastien, « La politique européenne de sécurité et de défense », *La Revue internationale et stratégique*, n° 39, automne 2000.

Nivet Bastien, « De Maastricht à Nice : la laborieuse ascension de l'UE », *La Revue internationale et stratégique*, n°41, printemps 2001.

Nowak Agnieska, « L'Union en action : la mission de police en Bosnie », *Occasional papers*, Institut d'études de sécurité, janvier 2003.

Overhaus Marco, « Bosnie-Herzégovine : les limites de la gestion des crises à l'européenne », *Politique étrangère*, IFRI, automne 2009.

Pacek Boguslaw, « The European Union Military Operation in Chad and Central African Republic », *Military Review*, Janvier-février 2010.

Patten Chris, « Une politique étrangère commune pour l'Europe », *La Revue internationale et stratégique*, n°42, été 2001.

Peclow Valérie, « Les missions de police de l'Union européenne », Les *Notes du GRIP*, février 2004.

Petiteville Franck, « L'Union européenne, acteur international ? », *Revue internationale et stratégique*, n° 47, 2002/03.

Pfister Stéphane, «Les avantages comparatifs de l'UE dans la gestion des crises et la sortie des conflits », *Institut européen de l'Université de Genève*, 2003.

Ragaru Nadège, «Macédoine: le bilan en demi teinte de la politique européenne», *Critique internationale*, n° 24, 2004/3.

Ragaru Nadège, « L'opération Althea en Bosnie-Herzégovine et la gestion européenne du post-conflit», *Les Etudes du CERI*, n°139, novembre 2007.

Remacle Eric, «De l'Euro à la PESC, d'Amsterdam à Helsinki : les balbutiements d'un acteur international», volume I, *AFRI*, 2000.

Remacle Eric, « D'une guerre à l'autre : le sisyphe européen en quête d'identité internationale », volume IV, *AFRI*, 2003.

Santopinto Federico, « La politique européenne de sécurité et de défense : enjeux et réalités », Notes d'analyse du Grip, 2005.

Schmid Dorothée, « Palestine, problématique de l'aide », *Politique étrangère*, automne 2006.

Solana Javier, « L'élan de la politique européenne de sécurité et de défense », *Revue du marché commun et de l'UE*, n° 481, septembre 2004.

Solana Javier, « Politique européenne de sécurité et de défense : de l'opérabilité aux opérations », *Revue du marché commun et de l'Union européenne*, n° 466, mars 2003.

Solana Javier, « Le développement de la politique européenne commune de sécurité et de défense de l'UE », *Revue du marché commun et de l'UE*, n° 442, octobre-novembre 2000.

Solana Javier, « Stratégie de sécurité de l'UE », *Défense nationale*, mai 2004, pp 5-9.

Solana Javier, « Le développement des capacités militaires de l'UE », *Défense nationale*, n°6, juin 2002.

Solana Javier, « Politique européenne de sécurité et de défense : de l'opérationnalité aux opérations », *Revue du marché commun et de l'Union européenne*, mars 2003.

Solana Javier, « Les nouveaux outils de la diplomatie au XXe siècle », pp 3-109, *Relations internationales*, n°121, hiver 2005.

Valhas Alexis, «A la recherche d'un concept européen des missions de police internationales», volume VIII, *AFRI*, 2007.

Withney Nick, «Re-energizing Europe's Security and Defence Policy», *European Council on Foreign Relations*, juillet 2008.

Contributions à un ouvrage

Buchet de Neuilly Yves, « Des professionnels de l'innovation institutionnelle : la création d'une unité de planification et d'alerte rapide pour la PESC », in Didier Georgakis, *Les métiers de l'Europe politique. Acteurs et professionnalisation de la construction européenne*, Presses universitaires de Strasbourg, 2002.

Decaux Emmanuel, « Le processus de décision de la PESC : Vers une politique étrangère européenne ? », in Cannizzaro Enzo, *The EU as and Actor in International Relations*, Kluwer Law International, Aspen Publishers, 2002.

Delcourt Barbara, « Entre réalisme et modestie : les nouveaux atouts de la PESC », *La grande Europe*, Université de Bruxelles, 2004.

Irondelle Bastien, « De la PESC à la PESD », *Politiques européennes*, sous la direction de Renaud Dehousse, 2009.

Kirchner Emil-Joseph, « La Présidence du Conseil de l'Union : rôle et perspectives de réforme », in Magnette Paul, Remacle Eric, dir., *Le nouveau modèle européen. Volume 1. Institutions et gouvernances*, Bruxelles, éditions de l'Université de Bruxelles, 2000.

Kurowska Xymena, « Solana Milieu : Framing Security Policy », *Perspectives on European Politics and Society*, Volume 10, 2009.

Remacle Eric, « L'intégration de la politique de défense européenne : potentiels et limites » in *La grande Europe*, Université de Bruxelles, 2004.

Articles de presse

Ames Paul, « L'avenir de la mission ALTHEA en Bosnie reste incertain », *Europolitique*, 18 novembre 2009.

Jehin Olivier, « Le Genéral Bentegat dresse le bilan de trois années de PESD », *Europe Diplomatie et défense*, 5 novembre 2009.

Solana Javier, «L'approbation du traité européen modifié relancera la politique de sécurité», *Le Monde*, 13 octobre 2007.

Solana Javier, « European Defence : the Task ahead », *European Voice*, 24 octobre 2001.

Solana Javier, « Five Lessons in Global Diplomacy », *Financial Times*, 21 janvier 2009.

Vernet Daniel, « L'Europe a son ministre des Affaires étrangères », *Le Monde*, 19 octobre 1999.

Zecchini Laurent, « Un ministre des Affaires étrangères pour l'Europe ? », *Le Monde*, 28 avril 2000.

<u>Discours</u>

Solana Javier, « The Development of CFSP and the role of the High representative », Danish Institute of International Affairs DUPI, Copenhague, 11 février 2000.

Solana Javier, Address before the European Parliament, Brussels, 31 janvier 2001.

Solana Javier, « EU Foreign Policy », Bruges Town Hall, 25 avril 2001.

Solana Javier, Discours à la cérémonie d'ouverture de la Mission de police de l'UE en Bosnie Herzégovine (MPUE). Sarajevo, 15 janvier 2003.

Solana Javier, House of Lords, 6 juillet 2004.

Solana Javier, Séminaire avec les représentants de l'Union européennes, 29 juin 2005.

Solana Javier, « ESDP@10: what lessons for the future ? », Brussels, 28 juillet 2009.

Contribution à un colloque

Pietsch T.H. Carsten, "The role, function and impact of the political and security committee", Maastricht university, 18-19 June 2009.

Travaux universitaires

Boulay Yann, « L'Agence européenne de Défense : avancée décisive ou désillusion pour une Europe de la défense en quête d'efficacité ? », Collège d'Europe, EU Diplomacy Papers, Janvier 2008.

Gillon Pierre, « Repenser la diplomatie nationale dans le cadre de la PESC-PESD. De la stratégie de souveraineté à la stratégie d'influence », ENA, Promotion Romain Gary, Cycle international long, Master en Administration publique, février 2005.

Rapports

« Une stratégie pour l'Europe », Groupe de réflexion placé sous la présidence de Carlos Westendorp, 1995

« Une politique étrangère pour l'Europe après Amsterdam ? », Michel Barnier, rapport d'information 167 (98-99), Délégation du Sénat pour l'UE.

« Le fonctionnement du Conseil dans la perspective d'une Union élargie », J.Trumpf, J.-C.Piris, 10 mars 1999.

« Stratégie européenne de sécurité », décembre 2003

« Rapport sur la mise en œuvre de la stratégie européenne de sécurité », décembre 2008

« Préparer le Conseil à l'élargissement », rapport de Javier olana, Secrétaire général du Conseil de l'UE, Bruxelles, 7 mars 2002

« Les premiers enseignements de l'opération "force alliée" en Yougoslavie : quels enjeux diplomatiques et militaires ? » Rapport d'information n° 464 (1998-1999) de M. Xavier de VILLEPIN, fait au nom de la commission des affaires étrangères, déposé le 30 juin 199

Entretiens

Michel Barnier, Commissaire européen chargé du marché intérieur et des services financiers, 22 janvier 2010.

Chris Bickerton, Professeur, relations internationales, Oxford, 10 juillet 2009.

Patrice Bergamini, Directeur de cabinet Adjoint du Haut représentant pour la PESC, 9 octobre 2009.

Yves Buchet de Neuilly, Maître de conférences de Science politique à 'Université de Lille II, 12 juillet 2010.

Nicole Gnesotto, ancienne Directrice de l'Institut d'études de sécurité, 29 septembre 2009.

Maxime Lefebvre, Diplomate, direction de la prospective, Ministère des Affaires étrangères et européennes, 10 décembre 2009

Alan Pluckers, porte-parolat, Conseil de l'UE, le 9 octobre 2009

Philippe Setton, Chef de service, service des politiques internes et des questions institutionnelles, direction de l'Union européenne, ministère des Affaires étrangères et européennes, 1er décembre 2009

(par téléphone)

Jolyon Howorth, 18 novembre 2009

Michel Mangenot, 3 novembre 2009

(échanges électroniques)

Jérôme Koechlin, 24 novembre 2009

Thierry Tardy, 28 octobre 2009

Séminaires

Collège européen de Sécurité et de Défense, cours d'orientation, 2 au 6 février 2009.

Séminaire Relations extérieures 31e séminaire PESC, Commission européenne, 28-30 octobre 2009

Encadré- Scénarios en cas de crise[1]

<u>Crises impliquant une opération militaire :</u>

1 - Lorsqu'une crise est détectée, le COPS peut considérer qu'une action de l'Union est appropriée. Sous sa direction est alors élaboré un concept de gestion de crise (CMC – "crisis management concept") qui décrit notamment les intérêts politiques de l'Union européenne, les objectifs et l'objectif final recherché, ainsi que les grandes options stratégiques pour répondre à la crise donnée, y compris l'éventuelle stratégie de sortie de crise.

2 - Le CMC est adopté par le Conseil. Sur cette base, le COPS charge le CMUE d'élaborer des options militaires stratégiques. Des options stratégiques de police et civiles peuvent également être requises parallèlement.

3 - Le Conseil adopte une décision d'action (le plus souvent sous la forme d'une action commune). Cette décision peut donner au COPS une délégation de pouvoir pour assurer le contrôle politique et la direction stratégique de l'opération (article 25 TUE). Elle valide les options stratégiques militaires et civiles retenues, notamment la chaîne de commandement. La désignation d'un représentant spécial de l'Union européenne peut également intervenir à ce stade.

Dans le cadre des opérations de gestion de crise où l'UE a recours aux moyens et aux capacités de l'OTAN, le Conseil peut choisir d'avoir recours à SHAPE. Pour les autres, il peut soit désigner un OHQ parmi l'un des cinq mis à la disposition de l'UE (français, italien, allemand, britannique, grec), soit activer le centre d'opération.

4 - Le commandant de l'opération choisi procède à la mise au point du concept d'opération (CONOPS) et du plan d'opération (OPLAN) qui seront soumis au COPS pour approbation. Le Conseil peut alors prendre la décision de lancer l'opération, nécessaire au déploiement de la force.

---

[1] Source : ministère de la Défense

5 - Sous l'autorité du Conseil, le COPS exerce le contrôle politique et la direction stratégique de l'opération. Le représentant spécial de l'Union et le commandant d'opération lui rendent compte régulièrement.

6 - Le COPS évalue les ajustements éventuels à apporter au déroulement de l'opération et la possibilité de mettre un terme à certaines ou à l'ensemble de ses composantes. Une fois l'opération achevée s'engage un processus d'identification des enseignements tirés.

<u>Cas d'une opération civile :</u>

1 - Le COPS décide l'envoi d'une équipe chargée de dresser un état des lieux de la situation sur le terrain (Fact finding mission).

2 - A son retour, le secrétariat du Conseil produit un rapport qui est examiné par le Comité civil de gestion de crise (CIVCOM) qui rend son avis au Comité politique de sécurité (COPS). Dans certains cas l'EMUE peut également être consulté lorsque la mission en question comporte des aspects militaires.

3 - Le COPS mandate alors la CPCC afin qu'elle détermine un concept de gestion de crise, qui sera transmis au CIVCOM pour avis avant de revenir au COPS.

4 - Après avoir arbitré le concept de gestion de crise retenu, le COPS attribue à la CPCC la responsabilité de rédiger un concept d'opération (CONOPS) qui sera examiné par le CIVCOM. A nouveau, l'EMUE par le biais de la cellule civilo-militaire peut apporter sa contribution à la rédaction de ce document.

5 - Une fois le CONOPS validé en CIVCOM, il est transmis au COPS qui mandate alors la CPCC afin qu'elle détermine un plan d'opération (OPLAN). Une fois, l'OPLAN validé par le COPS, l'opération peut être lancée

L'HARMATTAN, ITALIA
Via Degli Artisti 15 ; 10124 Torino

L'HARMATTAN HONGRIE
Könyvesbolt ; Kossuth L. u. 14-16
1053 Budapest

L'HARMATTAN BURKINA FASO
Rue 15.167 Route du Pô Patte d'oie
12 BP 226 Ouagadougou 12
(00226) 76 59 79 86

ESPACE L'HARMATTAN KINSHASA
Faculté des Sciences Sociales,
Politiques et Administratives
BP243, KIN XI ; Université de Kinshasa

L'HARMATTAN GUINEE
Almamya Rue KA 028 en face du restaurant le cèdre
OKB agency BP 3470 Conakry
(00224) 60 20 85 08
harmattanguinee@yahoo.fr

L'HARMATTAN COTE D'IVOIRE
M. Etien N'dah Ahmon
Résidence Karl / cité des arts
Abidjan-Cocody 03 BP 1588 Abidjan 03
(00225) 05 77 87 31

L'HARMATTAN MAURITANIE
Espace El Kettab du livre francophone
N° 472 avenue Palais des Congrès
BP 316 Nouakchott
(00222) 63 25 980

L'HARMATTAN CAMEROUN
Immeuble Olympia face à la Camair
BP 11486 Yaoundé
(00237) 99 76 61 66
harmattancam@yahoo.fr

L'HARMATTAN SENEGAL
« Villa Rose », rue de Diourbel X G, Point E
BP 45034 Dakar FANN
(00221) 33 825 98 58 / 77 242 25 08
senharmattan@gmail.com

657124 - Juin 2016
Achevé d'imprimer par